陈嘉映著译作品集

第17卷

感觉与可感物

SENSE AND SENSIBILIA

〔英〕J.L.奥斯汀 著

陈嘉映 译

商务印书馆
The Commercial Press

John Langshaw Austin
SENSE AND SENSIBILIA
© Oxford University Press 1962

本书根据英国牛津大学出版社 1962 年版译出

总　　序

商务印书馆发心整理当代中国学术，拟陆续出版当代一些学人的合集，我有幸忝列其中。

商务意在纵览中国当代学人的工作全貌，故建议我把几十年来所写所译尽量收罗全整。我的几部著作和译作，一直在重印，也一路做着零星修订，就大致照原样收了进来。另外六卷文章集，这里做几点说明。1.这六卷收入的，多数是文章，也有对谈、采访，少数几篇讲稿、日记、谈话记录、评审书等。2.这些篇什不分种类，都按写作时间顺序编排。3.我经常给《南方周末》等报刊推荐适合普通读者的书籍。其中篇幅较长的独立成篇，篇幅很小的介绍、评论则集中在一起，题作"泛读短议之某某年"。4.多数文章曾经发表，在脚注里注明了首次刊载该文的杂志报纸，以此感谢这些媒体。5.有些篇什附有简短的说明，其中很多是编订《白鸥三十载》时写的。

这套著译集虽说求其全整，我仍然没有把所写所译如数收进。例如我第一次正式刊发的是一篇译文，"瑞典食品包装标准化问题"，连上图表什么的，长达三十多页。尽管后来"包装"成为我们这个时代一个最重要的概念，但我后来的"学术工作"都与包装无关。有一些文章，如"私有语言问题"，没有收入，则是因为过于粗陋。还有一类文章没有收入，例如发表在《财新周刊》并收集在《价值的理由》中的不少文章，因为文章内容后来多半写入了《何为良好生活》之中。同一时期的不同访谈内容难免重叠，编订时做了不少删削合并。总之，这套著译集，一方面想要呈现我问学过程中进退萦绕的总体面貌，另一方面也尽量避免重复。

我开始发表的时候，很多外文书很难在国内找到，因此，我在注解中标出的通常是中译本，不少中译文则是我自己的。后来就一直沿用这个习惯。

我所写所译，大一半可归入"哲学"名下。希腊人名之为philosophia者，其精神不仅落在哲人们的著述之中，西方的科学、文学、艺术、法律、社会变革、政治制度，无不与哲学相联。所有这些，百数十年来，从科学到法律，都已融入中国的现实，但我们对名之为philosophia者仍然颇多隔膜。这套著译集，写作也罢，翻译也罢，不妨视作消减隔膜的努力，尝试在概念层面上用现代汉语来运思。所憾者，成就不彰；所幸者，始终有同好乐于分享。

这套著译集得以出版，首先要感谢主持这项工作的陈小文，同时要感谢李婷婷、李学梅等人组成的商务印书馆团队，感谢她们的负责、热情、周到、高效。编订过程中我还得到肖海鸥、吴芸菲、刘晓丽、梅剑华、李明、倪傅一豪等众多青年学子的协助，在此一并致谢。

陈嘉映

2021年3月3日

中译本导言

陈嘉映

上世纪中叶,奥斯汀曾与赖尔并列为牛津哲学的主导人物。他逝世后一段时间里,其影响有增无减。此后,他的影响逐渐降低,不过,"日常语言学派"的一些主张和方法,仍然广有传人,并且程度不同地被其他倾向的哲学家接受。

奥斯汀的工作中,始终受到重视的是他关于记述式言语和施行式言语的研究;施太格缪勒那部广有影响的《当代哲学主流》,给了这个题目不少篇幅,此外几乎没有谈到奥斯汀的其他工作。我觉得这是件憾事,在我看,奥斯汀的哲学思想中还有很多宝藏未得到开发,他提出的很多问题,可以引导我们更深地运思。我打算和年轻学者合作,把他的三本书都译出来,杨玉成译《如何以言行事》,方旭东译《哲学论文集》,我来译这本《感觉与可感物》。

我个人格外喜读奥斯汀。其中一个原因必定是,他的哲学写作独具风采,读他的原文实是一种享受。认真思考是种辛苦的劳作,我们不能要求所有哲学写作都让人读得愉快,但偶然碰到这种机缘,不能不珍惜。精彩的文笔读得愉快,却会给翻译出更多难题。

我在北大、华东师大、首师大各以奥斯汀为题开过一次课。我一直认为,以奥斯汀为研究生的入门课是个不错的选择。年轻学生更喜欢海德格尔和维特根斯坦,但这两个哲学家的思想无边无际,我甚至不知道潦潦草草读过,思想会变得更清楚还是变得更加糊涂。奥斯汀的一个好处是,他把话说得很清楚。他对不合常规的话语也极敏感,分析其错处入木三分。根本的道理精微玄妙,在穷理途中,难免自欺欺人。学哲学,最容易并未明理,只学得满嘴古古怪怪的词和话。先读读奥斯汀,有助于我们在探入晦暗之际尽可能多地保持一点儿清醒的目光。

本书的文本清楚易读,奥斯汀没有使用什么专门用语,表述都颇简洁,各个论证的结构也不复杂。因此,我只打算写一篇简短的导言。① 奥斯汀对艾耶尔的批判导出另一些问题,我会说,更深层次的问题,我在他的文本后面另附一篇长文,"《感觉与可感物》读后",讨论这些问题。

北大、华东师大、首师大都有不少学生、同事参与了改善译文和文章的工作,在此致以谢忱,尤其感谢李韧、冯文婧、叶磊蕾。本书的英汉对照本已由华夏出版社出版,这个汉语单语的译本得以在商务印书馆出版,要多谢华夏出版社的授权和陈小文的支持。

奥斯汀其人

奥斯汀(John Langshaw Austin,1911—1960),成年后的大半时间都在牛津度过。他在牛津大学修习古典学,通过对希腊典籍

---

① 瓦诺克在他的 *J. L. Austin* 中有"Perception and Other Matters"一章,综述这本书的论题,可参考。

的阅读产生了对哲学的兴趣。他学业优秀，毕业后即在牛津大学教授哲学。牛津大学当然一直赫赫有名，在哲学这个领域，尤其在奥斯汀那个时期，牛津才俊云集，先有伯林、赖尔，稍后有斯特劳森、艾耶尔，再稍后有威廉姆斯。这只是几乎任意挑出的几个名字。

奥斯汀在"二战"期间入伍，从事情报工作，建树卓著。他在牛津大学也从事行政工作，卓有成效。作为哲学家，他成功、有名，不过，据伯林说，他一直向往做一种有形迹的职业。

奥斯汀翻译了弗雷格的巨著《算术基础》，但他生前只发表过七篇论文。去世后，他的学生把这些论文辑为《哲学论文集》，后来又扩充了几篇未发表过的，把他的一些讲课笔记等整理编辑出版，包括《感觉与可感物》、《如何以言行事》。奥斯汀虽然年轻时就崭露头角，但"二战"后才形成自己独特的思想，却不幸早亡。我深信，若天假以年，他会对哲学和语言学做出远为更大的贡献。

阅读奥斯汀是一种享受，他的文字极为精湛，充满智性之美，在他那些最好篇章里，思想以鲜明纯净的方式结晶，交映而发立体的光辉。奥斯汀对英语中各种微妙逻辑差异的感觉，无出其右。读了奥斯汀就觉得，并非诗人才需要倾听语言说话的好耳朵，哲学家只靠逻辑思维；实际上，哲学家做论证时犯错，很少因为弄错了形式上的逻辑犯错，多半倒是因为没听出自然语言内涵的微妙逻辑。本书为此提供了很多实例。

奥斯汀对哲学有些与众不同的看法，他希望哲学家更多合作，尽可能争取获得共识。他认为哲学按其本性并非总要争论不已，希望在哲学中，像在科学中一样，确立一些扎扎实实人所共认的东西。奥斯汀本人甚爱好科学，有传记作者认为他也许更愿意自己成为科学家,以上主张体现出他希望哲学能够获得科学的一些优点。实际上,奥斯汀的很大部分哲学工作是与语言学研究结合在一起进行的,他关于以言行事类话语的研究大致是哲学-语言学交叉领域的研究。

奥斯汀论自然语言

奥斯汀最广为人知的工作是他关于以言行事类话语的研究,不过,这项研究跟我们眼下这本书关系不大。这里只简要介绍一下他对日常语言的一些论说。①

人们把奥斯汀的工作方式称作"日常语言分析"。奥斯汀的确一向注重日常语言分析,不过,这并不意味着只重语言,不重世界。奥斯汀说,我们的确是要检查在这样那样的场合我们会说什么,会怎么说,但这时我们重新审视的却不只是语词,我们同时也重新审视我们用语词来描述的实际情境。我们通过对语词的更敏锐的感觉来更敏锐地把握现实。"日常语言分析"、"日常语言学派"这些名称都容易引起误解,他偏向于"语言现象学"这个名称,只是这个名称也够绕口的。

我们为什么特别着重分析日常语言呢?我们现在使用的语词是前人一代一代传下来的,不知经过了多少锻炼修正,凝结着无数世代承传下来的经验与才智,体现着我们对世界的基本理解。哪里须得加以区别?哪里须得保持联系?我们区分"事实"和"事

---

① 以下内容主要采自我的《语言哲学》一书,北京大学出版社,2003年,第十一章第三节。

情",我们说"事情发生了"却不说"事实发生了",这个区别里面多半包含着值得深思的道理。适者生存,概念在这里分野而在那里交叉,这种说法成立而那种说法不成立,总有一定的道理。那些见微知著的区别,那些盘根错节的联系,非经一代人一代人的言说,不会凝聚到语词的分合之中。哲学家也能想出一些重要的区别和联系,但这些通常有赖语词中已经体现出来的更基层的分合,要用我们一下午躺在摇椅里想出来的东西取代万千年千万人经验的结晶,不啻妄诞。

常有人批评日常语言不够精确。我说我儿子成绩差,你问到底多少分,60分。也许我说得更精确了,但也许我说岔了,因为60分可能并不差。我们首先不是需要精确,而是需要拢集多个线头的、最富含意义的表达,"成绩差"连同我儿子的得分、连同我的判断和忧虑一起说出来。也常有人批评日常语言含混、模糊。含混、模糊和混乱接壤,但两者并非一事。没有梳理过的感觉是含混的,但不一定混乱。感觉混乱指的是另一类情况:混乱是理应清楚的地方不清楚,已经露出了自相矛盾的苗头。

日常语言的用武之地是日常生活。比较起科学上使用的语言,日常语言常常不是那么精确严格。锤子、斧头、撬棍可以应付多种多样的工作,但在流水线上拧一个特定尺寸的螺丝,一把特制的螺丝刀就会更加合用。我们在日常生活中会碰到意想不到的情况,事先都定义得毫厘不爽的概念经常派不上用场。此外,生活在流动,我们有了新的知识、新的爱好,这些新知识、新爱好又和旧知识、旧爱好藕断丝连。一个语词在不同语境中的意义变迁是自然概念的本质而不是偶然具有的一个缺陷。日常生活可不是个小领域，而且其中荆棘丛生，要把这些棘手的情形讲个明白可得有了不起的能耐。然而，日常语言有自己的限度，到了另一些领域，我们就必须求助于更为精密的语言，例如数学语言。我们得发明出新的语汇才能自如地谈论显微镜底下发现的新事物。

所以，奥斯汀并无意主张日常语言十全十美。我们的身体经多少百万年的进化长成现在这样，其构造的精妙让人赞叹，但它当然不是完美的，它不能像猴子一样跳到树枝上，不能像老鹰一样飞上云端，不能像骆驼一样耐热耐饥。但在这里说"完美"是什么意思呢？我们不意抓了烙铁立时烫起个大泡疼得嗷嗷直叫，但若我们的手指敏感到能摩挲出红木桌面和橡木桌面的区别，它就不太可能摩挲着烙铁不烫起泡来。我们在"快乐"这个词里用了个"快"字，就把快乐和畅行无阻和海阔天空联系起来了，可同时生出了"不快"的歧义。英语和汉语各有千秋，大致能够应付各种情境，但各有难应付的事情。碰上这些不如人意之处，有人一下子走得太远，希望全盘克服一切不便，发明出一种理想语言，把思考和说话变成一种全自动过程。其实，唯有不完美的世界才是有意思的世界，我们才有机会因改善因创新而感惊喜，因绕过陷阱因克服障碍而感庆幸。

日常语言既然不是十全十美，我们自然不可用它来对事事作出最终裁判。但又有什么能到处充当最后的裁判者？有些疑问要由科学来裁决，有些则靠大家同意，有些干脆没有答案。无论谁来裁决，到另一个时候，另一个场合，出于另一个考虑，已经裁决好的都可能需要重新斟酌。日常语言确实不是一锤定音的最后之言，原则上我们处处都可以补充它、改善它、胜过它。但请记取：它确是我们由之出发的最初之言。哲学困惑最后也许会把我们引向充满术语的讨论，但它最初总是用日常语言表述出来的。

但是在日常生活中，这人这么说，那人那么说，以谁为准？语言事实尚不能确定，自难进一步对语言进行分析。不过这个困难被大大夸张了，我们以为同一种情境下人们会有种种不同的说法，往往只因为我们设想的情境大而化之，待我们增添几许细节，把情境设想得十分具体，我们会发现人们在这种特定情境下会采用的说法相当一致，而一开始那些不同的说法提示出所设想的情境其实各有一些差别。有人主张冷热之类只是主观感觉，与此互为表里，似乎凡可以说"屋里冷"的场合，我们也都可以说"我觉得屋里冷"。但若我已经向你表明暖气烧得好好的，气温计指着25℃，屋里其他人都不觉得冷，这时候你大概只会说"我还是觉得（屋里）冷"而不会说"屋里还是冷"。前一个说法让人猜测你也许外感了风寒，后一个说法却让人猜测你内感了偏执狂。什么时候我觉得屋里冷等于屋里冷，什么时候不等于，这对于澄清有关感觉的哲学讨论大有干系，而这种讨论占了哲学论著差不多一半。

一模一样的情境而常见两三种说法，也许由于说话邋遢，那我们可以研究一下怎样把话说得更加准切实。但若出现了认真的分歧呢？这会提示我们，这里出现了两个略有差别的概念体系，我们须得通过对这两个概念体系的进一步了解来解决分歧。澄清这一类分歧，通常最富启发。物理学家碰上一个转"错"了的电子，如获至宝；我们碰上一个说话怪异而又怪异得有道理的人，也不要轻易放过。

日常语言分析并不一定只是零打碎敲。我们可以对某个领域中的主要概念进行系统研究。例如，为自己的行为提供辩解的种种说法构成了一个自然的问题域。我们现在既已准备好通过日常语言分析来进行探讨，那么我们肯定希望，这个领域中的日常用语既丰富又精细。我们选择来加以分析的用语，最好还不曾被人们分析得太滥。道路上走过的人太多，路走得秃秃的，踩上去容易打滑。一提到"美"这个词，就会有几十上百个关于美的定义涌上前来，接下去就是一排排哲学家自己编出来的包含"美"这个词的例句，乃至我们记不清人们实际上是怎样使用"美"这个字的，甚至记不清人们到底用不用这个字。

通过对某个领域中的主要概念进行系统的研究，我们就可能把平时的零星意见发展为具有一定普遍性的理解，把平时模模糊糊感觉到的东西转变为清晰的理解。人们现在常说，仅仅清晰是不够的。不过我们也不该满足于聪明过人地指出天下之事莫不幽隐难测。碰上能够获得清朗见识的机会，我们也该试上一把。

《感觉与可感物》

奥斯汀系统讲授这本书的内容，始于1947年，在牛津大学；此后多次以此题开课，并在美国的加利福尼亚大学、普林斯顿大学等处以此内容做系列讲座。奥斯汀主导的"周六晨会"也常讨论这些内容；格莱斯、瓦诺克等人常出席这些聚会。皮彻回忆说，奥斯汀在哈佛和他们讨论这些问题时好多内容远比这本书更深入有趣；另一些听过奥斯汀讲座的人也有类似评论。我们远处的人只能读文本，只能想见大师临场探讨问题时的情态。这个本子不是奥斯汀的"著作",是 G. J. 瓦诺克根据奥斯汀的授课笔记整理成书的。①

《感觉与可感物》借助概念分析的方法批判感觉与料理论,是日常语言哲学的典范之作。

感觉与料理论是个相当一般的学说,随便哪部哲学辞典里都能查到。这里引用奥斯汀的概说:

> 我们从来不曾看到或以其他方式感知(或"感觉")到物质对象(或物质事物),至少我们从来不曾**直接**感知或感觉到它们,而是只感知到感觉与料(或我们自己的观念、印象、感觉项、感官感知、感知项,等等)。(第 2 页)②

这本书主要以 A. J. 艾耶尔的《经验知识的基础》为靶子。不过,奥斯汀特别说到,这是个古老的理论。古希腊哲人的有些名言不知是否可以归入感觉与料理论,但与之确有渊源关系。怀疑论者蒂蒙:"我不说蜜是甜的,我只是承认,蜜尝起来好像是甜的。"③怀疑论者恩披里克说:"同一座塔,从远处看起来是圆的,从近处看起来是方的。"④普罗泰戈拉说:"万物是如何存在也就等于个人感觉如何。"⑤又说:"对于我来说,事物就是向我呈现的那个样子;对

---

① 编成本书的情况,瓦诺克在他为本书写的前言里已经说明,这里不赘。
② 此页码为本书的页边码。下同。
③ 北京大学哲学系外国哲学史教研室编译,《古希腊罗马哲学》,商务印书馆,1982 年,第 342 页。
④ 同上书,第 340 页。
⑤ 柏拉图,《泰阿泰德篇》,152c。

于你来说，事物就是向你呈现的那个样子。"①

相对于古希腊人的那些主张，近代一批哲学家的阐论更适合贴上"感觉与料理论"的标签，或至少跟这个理论大大接近。例如贝克莱的"存在即被感知"、马赫的"感觉复合理论"，等等。

颜色、声音、温度、压力、空间、时间等等，以各种各样的方式相互结合起来；……显得相对恒久的，首先是由颜色、声音、压力等等在时间和空间方面（函数方面）联结而成的复合体；因此，这些复合体得到了一个特别的名称，叫作物体。……物、物体和物质，除了颜色、声音等要素的结合以外，除了所谓属性以外，就没有什么东西了……世界仅仅由我们的感觉构成，……要素（感觉）是第一性的……并不是物体产生感觉，而是要素的复合体（感觉的复合体）构成物体。……一切"物体"只是代表要素复合体（感觉复合体）的思想符号。②

罗素、摩尔等人则明确主张这一理论。

感觉与料理论或类似理论源远流长。像所有源远流长的理论一样，在哲学史上也常受到批判。奥斯汀此书的批判系统采用了语言分析的方法，别具一种力量。

奥斯汀说："曾有很多很多大哲学家持有这些理论。"（第2页）单就这一点说，讨论这种理论就挺有意义。不过我觉得还不止于此。我相信，哲学爱好者在自己考虑这类事情的时候，通常都会走向类似的理论。我把这称作"初级反思的自然趋向"。语词含义的

---

① 柏拉图，《克拉底鲁篇》，386a。
② 马赫，《感觉的分析》，商务印书馆，1975年，第9—29页。

指称论是初级反思的自然趋向的另一个突出的例子。我们平常说理,是在具体事境中说理,哲学好像摆脱了具体的事境,转变为纯说理,进入了纯粹的道理世界。在这个转变中,我们都有犯一些特定错误的自然倾向。果若如此,指出错误,对这种理论加以批判,比哲学理论之间的互相争辩更为基本,具有更重大的意义。奥斯汀自己在另一篇文章中曾说:"我想,如果我们关注这些事情,我们能清除哲学中的一些错误;毕竟,哲学被用作替罪羊,它展现的错误实际上是每个人都犯的错误。"[①]当然,"初级反思的自然趋向"和"很多大哲学家持有这些理论"通常是交织在一起的。大哲学家之为大,我猜想,恰在于他们在阐发我们人人身上的哲学家想阐发的东西,包括犯下我们身上的哲学家要犯的那些错误。

前面引用了奥斯汀对感觉与料理论的一般表述。当然,持这一理论的每个哲学家都会有远更细密的表述,分析和争论都要在这些细密表述的层面上展开。但细密的表述、细密层面上的争辩,差不多都是由于与"一般思想"相联系才有意思。对奥斯汀的驳论也须如是观。有意思的批判是针对普遍迷误的批判,在某个偶然错误上反复辩驳没意思。对语词含义的细致分析是牛津学派的特点,在牛津学派中,奥斯汀又格外细致。我们当然应当注重文本,分析必须紧扣词句,但紧扣词句,对我们来说,是紧扣词句与基本思想的联系,让自己保持在一般思想的眼界中。

本书的批判也非只限于感觉与料理论本身,奥斯汀的批判显性地联系于一批**重大的哲学问题**,例如,感觉是不是确定无疑的知

---

① 奥斯汀,*Philosophical Papers*,Oxford University Press,1961年,第252页。

识基础？知识有没有确定无疑的基础？现象语言与物理语言的两分是否成立？等等。此外，它也涉及语言与哲学的关系，两分法，概括，哲学理论的可能性等论题。奥斯汀对自己的批判指向这些重大问题有明确的意识。其中部分问题，我在"《感觉与可感物》读后"讨论。

反批评

奥斯汀对感觉与料理论的批判，当然不是人人接受、交口赞誉。首先，艾耶尔本人对奥斯汀的批判做出了全面反驳。① 他把奥斯汀的论证分列为17条，逐条回应。例如，第一条，奥斯汀批评感觉与料理论家举出的物质事物通常是些中等大小的干硬物体。艾耶尔回应说，奥斯汀的这个批评有些道理，但感觉与料理论家在这事上的疏忽并不大影响这个理论的可靠性。第二条，奥斯汀认为看见椅子就达到了确定性。艾耶尔评价说："这个论辩远为更加深入；它的确触到了事情的根本点。"不过，感觉与料理论家在这里所说的确定性和不确定性是"纯粹逻辑上的"。在奥斯汀所描述的那个场景中，"引发感知判断的经验的发生与这个判断为假在逻辑上是一致的"（也许说成"并不矛盾"更好理解些）。

对这一条，艾耶尔还做了更多的辩护，但仅仅这一点就已经让我们感觉到，哲学争论一般不是收敛的，而是扩散的。要争论下去，我们就被引向诸如此类的问题：逻辑命题与经验命题的两分是

---

① Ayer, "Has Austin Refuted Sense-Data?", 载于 K. T. Fann（范光棣）编, *Symposium on J. L. Austin*, Routledge & Kegan Paul, 1969 年, 第 284—308 页。下面三段引文见第 285—286 页。

否成立？经验命题是否永远无法达到"逻辑上的确定性"？既然经验命题不是逻辑命题，谈论经验命题能否达到"逻辑上的确定性"是否有意义？

赫斯特（R. J. Hirst）对奥斯汀这本书提出多种批评。① 赫斯特的批评，先是一些具体的，最后提出一些一般的。具体批评，这里只引两条。一条批评是，如果不像奥斯汀那样对"物质事物"这个用语采用"倒错的狭窄解释"，那么，他所列举的，椅子、人、人的声音、河流、火焰、虹霓、影子、电影院银幕上的图像、水汽的确都是"物质事物"；因为 anything 都可以被称作 a thing，任何东西都是东西、事物，而奥斯汀单子上的大多数东西显然都是物质的（或物理的）；例如，人声作为空气振动，甚至光。反正，这个用语有"通常的哲学用法"，而我们的确需要一般语词来进行哲学讨论，尽管这种讨论不是普通人的关注所在。另一条批评是，奥斯汀说**直接**一词始终未得界定，这至少对普莱斯是不公正的。普莱斯曾对**直接**加以明确界定："对对象的意识不是通过推论或其他任何智性过程达到的，……或通过任何从符号到意义的转变达到的。"赫斯特本人倒也反对感觉与料是被直接感知到的，但方向与奥斯汀相反：根据心理学，对颜色色块的感知照样不是直接的。

赫斯特提出的一般批评主要有两条。首先，奥斯汀所持的立场是"贫瘠不育的"，例如，你总是指出看到的东西有形形色色种类，**真正的**一词的用法形形色色，那你还怎么进行分类、归类，进行

---

① R. J. Hirst, "A Critical Study of Sense and Sensibilia", 载于 K. T. Fann（范光棣）编, *Symposium on J. L. Austin*, Routledge & Kegan Paul, 1969 年, 第 243—253 页。

研究？奥斯汀的另一个毛病是过于钟爱日常语言。但众所周知，"科学和知识的进步不仅靠分类和概括，而且也靠新概念、新术语，或日常语词如质量、力、波、细胞(cell)的新意义。"赫斯特的这两点批评很富代表性，很多人对奥斯汀这一路有这些质疑。

赫斯特最后警告我们，这本书含有"一个严重的危险"。它没有讨论对感觉与料理论的"因果性论证"，而这一路论证才是最关键的。奥斯汀并没有回答：感知的相对性、折射、反射、复视觉、似真幻觉这些事情是怎么发生的。要解决这些问题，必须诉诸生成理论。奥斯汀一类哲学家无疑会说：这些问题要由科学去解决，然而，科学家提供的回答恰恰是奥斯汀会视之为具有哲学性质的回答，即，某种形式的表征理论。

尽管赫斯特的批评是多方面的，但都联系到他最后的这个警告，而这个警告的背景，如赫斯特本人清楚表示的，涉及的是哲学和科学的关系。这个题目放在这里讨论显得太大了。不过，这个警告，以及本节提到的其他几项反批评，我在"读后"都会多多少少做一点儿讨论。

目　录

瓦诺克前言 …………………………………………… 1
一 …………………………………………………… 5
二 …………………………………………………… 9
三 …………………………………………………… 21
四 …………………………………………………… 32
五 …………………………………………………… 42
六 …………………………………………………… 51
七 …………………………………………………… 57
八 …………………………………………………… 70
九 …………………………………………………… 75
十 …………………………………………………… 91
十一 ………………………………………………… 113
索引 ………………………………………………… 122

附录　《感觉与可感物》读后 ……………… 陈嘉映　125

瓦 诺 克 前 言

奥斯汀曾多次就这本书所谈论的问题授课。大致以本书现在提供的这种形式授课是在牛津大学，时间是1947年第三学期，课程采用了一个一般的名称"哲学问题"。翌年第三学期他第一次使用了"感觉与可感物"这个名称，此后他就一直沿用下来。

像对待自己的其他讲义一样，奥斯汀曾反复修改、重写这份讲义。保留下来的有些笔记没有日期、颇为零碎，估计是他1947年使用的。另一组笔记是在1948年准备的，再有一组是1949年的。后面这一组，奥斯汀在1955年做了补充和修改。这一组笔记前面那些部分，奥斯汀的论证相当详细，后面那几讲的笔记则远不是那么周密，而且显然是不完整的。第四组笔记写于1955年，最后一组写于1958年，是为了该年秋季在加利福尼亚大学讲课准备的。他最后一次讲授"感觉与可感物"的课程是在牛津大学，时间是1959年的第二学期。

除了这些有相当连续性的稿本，奥斯汀的文件里还有一些单张稿纸也是关于同一问题域的笔记。这些笔记中的很多内容吸收进了他为授课准备的笔记之中，也就是已经包括在本书之中。某些看来只是些尝试性的临时想法；还有一些，尽管有时做得很细，但显然是在准备讲义的过程中做的，并未打算实际上纳入这些讲义。

所有这些手稿现在都收藏在 Bodley 图书馆，可供研究者使用。

较晚的两组笔记，即1955年和1958年那两组，没有完全覆盖所讨论的课题。它们的主要部分是新增的材料，其他部分则引回到1948年和1949年的稿子，对相关部分做了少许改动、修正、次序调整。在现在这个本子里，那些新增材料主要放在第七章、第十章的后一部分、第十一章。奥斯汀在伯克利授课的时候还使用了其"对事实不公"一文中包含的一些材料；不过，他通常讲授这一课题时并没有这一部分，我在这里没收入这一部分，因为这篇论文现在已经独立发表了。

有必要较为详细地说明眼下这本书是怎样编成的。奥斯汀肯定想到有一天会发表这部著作，但他自己从没有着手为发表进行加工。于是，这些笔记全都保持着为授课所需的样子；从我们自己着眼来看，他根本无须完整写下相关材料就能够极其流畅而精确地讲授，这反倒成了一件憾事。因此完全不可能照原样发表他的这些笔记；那样子它们会无法通读，实际上甚至会不可索解。我们于是决定把这些笔记改写得具有连贯的形式；读者必须谨记，正文中的文本虽然极尽可能以奥斯汀的笔记为本，但其中几乎没有哪个句子是从他手稿里直接誊抄下来的。在眼下这个本子里，第一章到第六章、第八章和第九章最接近奥斯汀原来的笔记，在这些部分，他的论证从1947年以来就很少变动。在第七章、第十章、第十一章，虽然关于奥斯汀的论证是什么并没有什么认真争议的余地，但要根据他的笔记说出他会怎样使用以及按何种次序安排其论证则远不是那么轻易。所以，在这些章，读者应该格外警惕，不要太过倚重表述的每个细节；这些章是编者最可能犯错的地方。

当然，在别的地方也不能指望完全不出现编者方面的错误。单就字数来说，比较起哪怕最完整的讲义，眼下这个文本也一定扩展到了五、六倍的长度之多；尽管没有理由怀疑奥斯汀的观点就实质而言就是这里所呈现的这样，但绝不能肯定它们在细节上都没有表述错。他的**确切**意思有时需要猜测，例如，出现在笔记上的某个短语甚至某个单词在授课时他会怎样加以扩展或加以限定；在有些地方，另一个编者很有可能觉得另一种解释更好。这无疑是改写工作的天然缺陷，这种工作难如人意，但在眼下这一事例中又无可避免。所以，正文的文本不能读成逐字逐句重现奥斯汀授课时实际讲授的东西；假使奥斯汀自己就这个论题为出版准备了一份文本，眼下这个文本不会近乎于他会写下的那样，倒恐怕会颇不相侔。我所能宣称的极限是——我倒敢于信心满满地做此宣称——就所有实质论点（以及**很多**关键措辞）而论，他的**论证**就是这本书里所包括的论证。的确，假使我无法做出这一宣称，那也就根本谈不上以这种形式来出版这本书了。

应该补充一点。本书分成若干章，这不是奥斯汀自己做的；这个做法只是着眼于区分整个讨论的先后阶段。他自己曾把整个讨论分成若干讲座，各讲座的起止当然有些随机，各次课程中也并不一致，所以，按讲座起止来区分既不可欲也做不到。

一些曾经在牛津和美国出席奥斯汀讲座的学人很友善地把他们所做的笔记寄给我。这些笔记有莫大助益，尤其是普林斯顿的G. W. 皮彻先生和伯克利大学哲学系几位的笔记——它们差不多跟奥斯汀本人的笔记一样丰实。我恐怕曾听过这些讲座的学人

(包括曾在 1947 年聆听讲座的我本人)会觉得,比较起奥斯汀现场所讲的,这本书是个很不完美的近似品。然而我希望他们会乐于同意,一份永久性的记录,即便如此,也胜于无。

我愿表达对 J. O. Urmson 的感谢,他读了本书的打字稿,为改善这一文本提供了很多有益的建议。

G. J. 瓦诺克

1960 年 11 月

一

这一系列讲座，我打算谈一谈关于感官感知的一些流行学说（也许到现在它们已不那么流行了吧）。我们恐怕最后也不会去判定这些学说是对是错；不过，实际上这竟是个**无法**判定的问题，因为，我们会看到，它们咬下的东西都多于它们嚼得动的。后面的讨论主要拿 A.J. 艾耶尔教授那本《经验知识的基础》①树作靶子，但也附带提及 H. H. 普莱斯教授的《感知》②一书，最后还会提到 G.J. 瓦诺克关于贝克莱的著作③。这几本著作在我看来颇多可加批评指摘之处，但我挑出这几本，是因其优点而非因其缺陷：虽然他们所持的这类理论至迟也有赫拉克利特那么古远，但说起持有这些理论的人所采信的理由，在我看来，他们所提供的解说相比之下是最好的，——例如比起笛卡尔或贝克莱，他们的阐论更加充分、融贯，措辞也更准确。这几本著作的作者今天无疑已不再持有他们当时所阐论的理论了，反正，他们不会再以同样的形式来阐论了。但至少，他们不久以前还持有这些理论；而且，不消说，很多很多大哲学家曾持有这些理论，曾提倡过源于这些理论的其他学说。

---

① 《经验知识的基础》，麦克米兰出版社，1940年。
② 《感知》，梅休因出版社，1932年。
③ 《贝克莱》，企鹅图书出版社，1953年。

我选出来加以讨论的三位作者,于某些细处可能各有不同,例如,核心区别究竟是在于有两种"语言",抑或在于有两类存在物,他们看上去意见相左;我们最后会对这些差别做些评论,但我相信,说到所有主要的(几乎未加留意的)预设,他们之间,以及他们与前辈之间,都是一致的。

按理说,我想,这类讨论应该从最早的文本入手;但就这个论题来说,无法采用这种做法,因为最早的文本已经失传。我们将要讨论的这些学说非常古老,与关于"共相"之类的学说不同,它们在柏拉图时代业已十分古老了。

这个学说的一般内容,一般说来,大致是这个样子:我们从来不曾看到或以其他方式感知(或"感觉")到物质对象(或物质事物),无论如何,至少我们从来不曾**直接**感知或感觉到它们,而是只感知到感觉与料(或我们自己的观念、印象、感觉项、感官感知、感知项,等等)。

有人也许要问:这个学说的意图有多认真?这些哲学家希望我们在多大程度上严格照字面理解他们提出的阐论?不过我想我们眼下最好不要为这个问题操心。这实际上竟不是个容易回答的问题:因为虽然这理论看上去颇为古怪,但人们却不时要我们放宽心——这其实正是我们所有人始终相信的东西。(你有时说我们相信这个学说,有时又把这话收了回去。)无论如何这一点是清楚的:哲学家们觉得这个学说是**值得陈述**的,同样无疑的是,人们感到这个学说让人不安;既如此,我们先可以肯定,这个学说是值得认真对待的。

我关于这个学说的总体看法是,它是典型的**学究式**见解。这样说的理由有二:一是它耽溺在几个特定的词语上,它们的用法被过度简单化,没有得到真正的理解,或没有得到仔细的研究,或没有得到正确的描述;二是它耽溺在几个(几乎总是那几个)"事实"中,而对这些"事实"的考察却半生不熟。(我说是"学究式的",但我也满可以说是"哲学式的";过度简单化、格式化、耽溺于一再重复那不多几个贫瘠无趣的"例子",这些并非为本论题所独有,它们十分普遍,不能认之为某些哲学家偶尔出现的弱点而放过不问。)我将清楚显示,事实是,我们日常语词的用法远比哲学家们所认识到的微妙得多,字词间的差异也要丰富得多;感知的实际状况,不仅就心理学家所揭示的而言,而且就普通凡夫留意到的而言,也都比哲学家一向所认可的远为更多样更复杂。我想,无论在这里抑或别处,摈弃一体化的积习,摈弃根深蒂固的对外观整饬的两分法的膜拜,至关重要。

有一点必须在一开始就说清楚——我**并不是**要主张我们应当是"实在论者",就是说,应当接纳我们**的确**感知到物质事物(或物质对象)的学说。这个学说会是错误的学究式见解,殊不亚于其反题。我们感知的究竟是物质事物还是感觉与料?这个问题看上去无疑很简单——**太**简单了——,却极易导入歧途(比照泰勒斯那个同样巨大而过分简化的问题:世界是由什么构成的)。最为关键的一点是要认识到,"感觉与料"与"物质对象"这两个用语是相互补足共生共荣的,故启人疑窦的不是这个对子中的某一个,而是这种对立本身。① 我们"感知"到的不是**唯一**的一类东西,而是林林总

---

① "共相"与"殊相"或"个体"的对立在有些方面,当然不是在所有方面,与此有几分相似。从事哲学常有一个明智的策略:两个概念出双入对,如果其一启人疑窦,就要对貌似较为清白的另一个也一样生疑。

总、纷繁各异的事物；它们的数目即便可以归约化简，那也应是科学研究而非哲学思考的任务：在很多方面，但并非在所有方面，钢笔异于虹霓，虹霓又在很多方面虽非在所有方面异于视觉后像，视觉后像又在很多方面虽非在所有方面异于银幕上的图像——如此等等，没有可以简单划分的界线。因此，我们**并不**打算去为"我们感知的究竟是哪一类东西？"这个问题寻求答案。从否定的方面说，我们首先要做的是摆脱"错觉论证"这一类错觉——有趣的是，那些最精于错觉论证的哲学家（如贝克莱、休谟、罗素、艾耶尔），那些最娴熟地操作着一种特殊的、流利的、让人眼花缭乱的"哲学式英语"的顶级大师们，自己倒也不约而同地觉得那论证有几分可疑。从事这项任务并无简单的途径——我们将看到，这部分是由于并不存在一个简单的"论证"；我们的工作是要一针一线地剔解一大堆诱惑人的（主要是字词上的）谬误，揭示各式各样藏在其后的动机——在某种意义上，经这番忙碌之后，我们仍留在我们的起点。

但也仅只在某种意义上如此——事实上我们还希望能有些积极的收获，那就是学到用于消解一些哲学困扰（**某些**哲学困扰，而非整个哲学）的技巧；我们还希望就某些英文词（如"真正"、"实在"、"好像"、"看上去"等等）的意义学到一些东西，这些词在哲学上滑溜溜难以把捉，此外，它们本身也很有意思。还有，老是重复那些不正确的乃至有时竟全无意义的陈词滥调，真是再枯索乏味不过；倘能把这类陈词滥调剪除几分，总会是有益无害之事。

二

下面,让我们来看看艾耶尔的《经验知识的基础》这本书刚一开始的部分——也许可以把这部分称作回廊曲径下面的基地。在这些段落①里,我们似乎已经看到,一个普通人,在艾耶尔那令人难以置信的凝视下,迅速运球进入自己一方球门前的开射位置,义无反顾地准备把自己毁灭。

> 我们平常不觉得有任何必要为我们相信物质事物的存在提供辩护。例如,我眼下丝毫不怀疑我正感知到的熟悉对象:放置在我房间里的椅子、桌子、画、书、花等等;因此我满足于它们是存在的。诚然,我承认人们有时会被感官欺骗,但这并不会让我怀疑我自己的感官感知一般是不可信任的,甚至怀疑它们此刻就可能在欺骗我。我相信我这种态度并不稀有。我认为大多数人都会同意洛克:"凡有我们的感官为之提供证词,事物在自然世界中的存在,其确定性不仅如我们的身心所能获取的一样多,而且也和我们的境况所需要

---

① 艾耶尔,《经验知识的基础》,第1—2页。

的一样多。"

然而，我们一旦转向新近有关感知这个课题的哲学家的文著，我们也许会开始怀疑此事是否就那么简单。一般说来，他们的确承认我们对物质事物存在的信念有充分的根据；他们之中有些人的确会说，在某些情况下我们可以确知"这是一支烟"或"这是一杆笔"这类命题为真。但即使如此，他们通常并不准备认可笔和香烟这样的对象在任何时候都是被直接感知的。在他们看来，我们直接感知的总是某些与这类对象不同的对象；这类对象，现在人们习惯于命名为"感觉与料"。

在这个段落中，我们（或普通人）所相信的东西以某种方式被拿来与哲学家们或至少是多数哲学家所相信的或"准备认可的"东西加以对照。我们必须查看这一对照的双方，尤其仔细地查看实际上所说的那些东西预设了什么，意味着什么。好，先来查看一下普通人一方。

1. 首先清楚意味着的是，普通人相信他感知到的是物质事物。这一点的确直截了当就是错的，至少若认之为意谓普通人会**说**他感知物质事物；因为"物质事物"这种表达式原不是普通人会去用的——"感知"恐怕也一样。不过，想来，这里端出"物质事物"这个表达式，不是作为普通人会**说**的东西，而是用来在一般意义上指称一**类**事物，普通人相信，而且时不时也说，他感知到这类事物中的某些实例。但这么一来，我们当然要问这个类包括些什么。作者向我们提供了一些例子，一些"熟悉的对象"——椅子、桌子、图画、书、花、笔、烟卷;这里(或在艾耶尔著作的任何别处)没有再进一步界定"物质事物"这个表达式。① 但普通人**当真**相信他所感知的东西(总)是像家具或这另一些"熟悉的对象"那样的东西吗——固体物件的一些中等大小的样品？我们可以想到,例如,人、人的声音、河流、山、火焰、虹霓、影子、电影院银幕上的图像、书里或挂在墙上的画、水汽、气——所有这些东西人们都说他们看到或(在某些情况中)听到或嗅到,即,"感知"到。所有这些都是"物质事物"？若不然,究竟哪些不是？究竟为什么不是？没有万无一失的答案。麻烦出在"物质事物"这个表达式从最一开始就**已经**充当了"感觉与料"的陪衬;它在这里或在别的任何地方都没有被给予别的角色,除非要给"感觉与料"当陪衬,肯定谁都从不曾想到要把普通人说他"感知"到的所有东西都归为单独的**一类东西**。

2. 再则,作者看来还暗示(a)普通人相信他感知的若不是物质事物,他就认为被他的感官欺骗了;(b)当他相信被感官欺骗时,就认为他感知的不是物质事物。但这两点都错。普通人看到,例如,虹霓,别人说服他虹霓不是一种物质事物,但他并不会立刻得出结论说他的感官在欺骗他;再如,他知道在晴朗的天气,海面上的船比看上去要远得多,但他不会下结论说他看到的不是某种物质的东西(更不会说他看到的是非物质的船)。就是说,这里同样不存在一种简单的对照,一边是普通人在万事大吉时所相信的东西(相信自己"感知物质的东西"),另一边是有什么不对头时他

---

① 比较普莱斯《感知》第1页上所列的单子——"椅子、桌子、猫、岩石"——尽管他加上了"水"和"土",使事情稍微变得复杂一点儿。又见第280页,在那里谈到"物理对象"、"视觉-触觉方面的固体"。

所相信的东西("感觉在欺骗他",他"感知的**不**是物质的东西"),就像在普通人认为他感知的东西("物质的东西")和另一边哲学家准备认可的东西(不管那究竟是什么东西)之间不存在简单的对照一样。为两种虚假二分法登台的舞台已经准备停当。

3. 再次,这个段落难道不是挺精巧地暗示普通人其实有点幼稚吗?① 他"通常没想到"他对"物质事物的存在"的信念需要证明——但或许**应该想到**? 他"毫无怀疑"地以为自己真的感知到椅子、桌子——但或许他应该有一点两点怀疑,而不是那么容易"满足"。人们有时被他们的感官欺骗,这"并未引他去怀疑"所有事情都可能出错——但或许更富反思的人**会**被引去生此怀疑。尽管表面上只是在描述普通人的立场,但字里行间的弯弯绕已经暗伏几分杀机。

4. 但是,也许更重要的是,作者还意味着,甚至视之为当然:不管普通人是否感觉到丝毫怀疑,这里其实存有**某种怀疑的余地**。上面引用了洛克的一段话,并说到大多数人会同意他的话;其实,这段话含有强烈的错误暗示。它暗示说,例如,当我在光天化日之下看一把摆在我前面几码远的椅子时,我所认为的是:关于那里有把椅子、我看到了椅子,我所具有的确定性(**只**)有我所需要的以及我所能获得的那么多。但事实上普通人会把这种情况下的怀疑当作**不折不扣的荒谬**,而非仅仅有点儿过分,或太过讲究,或不太实际;他会说,而且说得完全正确:"好,假如那不是看到一把真正的

---

① 普莱斯,同上引,第 26 页,说普通人**是**幼稚的,不过好像并不能确定普通人是幼稚的实在论者。

椅子，**我就不知道什么叫看到椅子了**。"而且，尽管拿来和哲学家的观点对照的不言而喻是普通人的所谓如下信念：相信他的"感官感知""一般说来"或"现在"是可以信赖的，然而，哲学家的观点其实并不只是他的感官感知"现在"或"一般说来"或只要他细想之时是**不可信赖的**；因为，哲学家"一般说来"其实显然在主张普通人认为如此这般之事**从来不是**如此这般——"在哲学家看来，我们直接感知的**从来是**某些不同的对象"。哲学家并不当真要论争说事情比粗心的普通人所以为的要更经常出错，而是在某种意义上、以某种方式，普通人一直都弄错了。因此，不能把事情说成：总有怀疑的余地，不过，在这一点上，哲学家与普通人的分歧只是程度之别；这种表述误导我们，实际上根本**不是这种**分歧。

5. 考虑一下这里关于欺骗所说的东西。说的是，尽管我们承认"人们有时被自己的感官欺骗"，但我们认为一般说来我们的"感官感知"可以"被信任"。

首先，尽管"被感官欺骗"这话是个常用的隐喻，但它**毕竟是个隐喻**；有必要注意到这一点，因为在后面的文本里，作者常常正经八百地用"经查证可靠无欺"这个表达式来应照这个隐喻。实际上，我们的感官当然是哑的——尽管笛卡尔和另一些人会说到"感官证词"，但我们的感官并不**告诉**我们任何事情，不管是真是假。由于这里不加解说就引入了颇为新异的造词"感官感知"，事情就变得更糟。这些东西在普通人的语言里或看法里当然并无一席之地，引入这些东西就带有如下意味：我们凡有所"感知"，那里就**总有某种中介物**，为**另外**一些东西**提供消息**——问题只在于我们能还是不能相信它所说的。它是"经查证可靠无欺"的吗？然而，以这种方式来陈述案情当然只是要在后续审问中软化那些据称是普通人所持的观点;这为所谓哲学家的观点——实际上已赋予普通人**自己**——铺平了道路。

其次,重要的是记取这一点:只有在一般的不欺骗的背景上谈论欺骗才**有意义**。(你不能在所有时间愚弄所有的人。)必须通过把异样的情况比照于较为正常的情况才能识别出一个欺骗。我说"我们的油表有时候欺骗我们",人们这样理解这话:虽然它通常所指示的契合于油箱里所有的,但有时候不是这样——有时候它指示两加仑而我们结果发现油箱差不多已经空了。但设想我说:"我们的水晶球有时候欺骗我们",这话就费解了,因为我们实在完全想不出"正常"情况——**不**被水晶球欺骗的情况——实际上会是什么。

而且,普通人也许会说他"被感官欺骗了"的情况其实很不常见。尤其,碰到普通的视点事例,普通的镜像,梦,他都**不**会这样说。实际上,他做梦,他向长长的直路看过去,他在镜子里看见自己的脸,这些时候他根本没有或至少难得**被欺骗**。这一点值得记取,因为作者提出了一个很强的错误暗示——即,当哲学家把所有这些以及其他很多寻常现象引作"错觉"的例子,他提到的这些例子只不过是普通人已经承认其为"被感官欺骗"的例子,或至少,他只是把普通人会这样承认的东西稍加扩展。实际上可远不是那么回事儿。

即使如此——即使普通人认可的"被感官欺骗"的例子远不如哲学家看来认可的**那么多**——若主张他**的确**认可的例子就都是同一个种类,那肯定仍然会是错的。若把这个主张容忍下来,战斗实际上已经输了一半。普通人有时候更愿说他的感官被欺骗了而非他被感官欺骗了——魔术师手法太快骗过了眼睛,等等。但实际上这里有形形色色的情形,至少在这些情形的边角处我们无疑不能肯定(非想去确定会是典型的学究习气)究竟哪些情况是或不是我们可以自然地使用"被感官欺骗"这个隐喻的情况。但最最普通的人也肯定想要区分以下几种情况,(a)感官损伤或失常或这样那样不正常工作;(b)感知的媒介——或更一般地——感知的条件这样那样不正常或恶劣;(c)做出某种错误的推论或把某种错误的设想加在什么东西上,例如加在听到的声音上。(这些情况当然并不互相排斥。)此外还有一些相当常见的误读、误听、弗洛伊德式疏忽,等等,它们好像不宜归入上述的任何一类。这再一次是说,在对头的情况和不对头的情况之间并没有简单整齐的两分;我们实际上都明明白白,事情可能以多种多样**不同的**方式出错——不一定要设想,必须不设想,这些方式可以通过任何一般的办法整齐归类。

最后,这里要重复前面提到的一点,普通人当然**并不**认为,凡是他"被感觉欺骗",所有情形都是一样的,就是说,在所有这些情形中,他都没有"感知到物质事物",或他**都在感知**一些不真实的或非物质的事物。看缪勒-赖耶尔的图像(在那里,两条线一样长,但一条看上去比另一条长),或在一个大晴天看山谷那边远处的村庄,和看到鬼或由于震颤性谵妄而看到粉红老鼠,这些是完全不同的事情。普通人看到表演台上的无头女人,他看到的(不管他知道与否,**这正是**他看到的)不是某种"非实在的"或"非物质的"东西,而是处在黑色背景前面的、头上套着黑袋子的女人。如果这个把戏演得好,他就不能适当地估量他所看到的东西(因为这个把戏故意让他很难估量),或他根本看不到那是什么;但这么说和下结论说他看到的是**其他什么东西**相去甚远。

总之,几乎没有理由接受这样的说法:**要么**普通人相信他感知到的东西大多数时候是同一种类事物("物质对象"),**要么**就可以说他认出的是另一种唯一种类的东西,即他被"欺骗"时认出的那类东西。① 现在让我们再来看看关于哲学家又是怎样说的。

15 据说,哲学家"通常并不准备认可笔和香烟这样的对象在任何时候都是被直接感知的"。这里让我们驻足的当然是"直接"这个词——哲学家特别爱用的一个词,而它其实是语言丛林中擅长隐蔽的蛇之一种。实际上,我们这里有一个典型的例子:一个词本已具有很特定的用法,却不加警惕或不加界定或毫无限度地把它逐渐延伸,直至它变成,起初也许变成含糊的隐喻,但最后变得毫无意义。我们不可能滥用日常语言而不为之付出代价。②

1. 首先,要点在于认识到在这里当家的是**间接感知或不直接地感知**这个概念——"直接"所取的无论什么含义都是通过与"不

---

① 我并不否认**可以**用一个单一的名称把事情出错的种种情形揽到一起。单一的名称自身也许颇为清白,只要我们在使用它的时候并不意味着:(a)所有情形都相同,或(b)它们都以某些方式相同。要紧之处在于不要用成见歪曲事实,(从而)忽视了事实。

② 尤其是滥用而没有意识到自己正在滥用。想想人们由于无意之间延伸"征象(或符号)"这个词而造成的麻烦,这种延伸看来引出结论说,即使奶酪就在我们的鼻子底下,我们看到的也只是奶酪的**征象**。

直接"对照而来的,①而"间接"或"不直接"自己则(a)只在特定情况下有个用法,而且(b)在不同情况中有不同用法——尽管这当然并不是说我们没有良好的理由在这些情况中使用这同一个词。比方说,我们可以把直接看见队伍行进的人跟**通过潜望镜**看见的人加以对照;或我们也可以把两处地方加以对照,你站在一处可以直接看到门,站在另一处只能**在镜子里**看到。**或许**我们可以把直接看见你跟看见你在百叶窗上的影子加以对照;**或许**我们可以把直接听到演奏跟在音乐厅外听到转播加以对照。不过,这后两个事例进一步提示了两个要点。

2. 第一个要点是,像潜望镜和镜子两例提示的,不"直接"感知的概念好像在它同**方向**之类的概念保持联系的时候来得最自然。看来我们一定不是**笔直**看着相关对象。因此,在百叶窗上看你的影子是个可疑的事例;而通过望远镜或眼镜看见你则肯定全然不是**间接**看见你的例子。碰到后面这些事例,我们另有鲜明的对照和不同的表达式——"裸眼"对照于"用望远镜","自然视力"对照于"戴眼镜"。(实际上,比起"直接地",这些表述具有远为稳定确立的日常用法。)

3. 另一个要点是,无疑部分地出于上述原因,说到视觉以外的其他感觉,间接感知的概念就不那么自然、寻常。其他感觉那儿没有什么与"视线"十分类似的东西。"间接听见"的最自然的意

---

① 就此可以参照"真实"、"合适"、"自由"以及很多其他词。"它是真的"——你在说它确切地不是什么?我倒希望我们楼梯上是张合适的地毯——你是在抱怨现有这张地毯的什么?(是什么**不合适**?)"他现在自由吗?"——哦,你心里想到的别种情况是什么?坐牢?在牢房里带着镣铐?已经订了婚?

思当然是由一个中间人**转告**我们某件事情——那跟这里所谈的很不一样。然而,我听到一声呼喊的回声,我是间接地听到了呼喊吗?我用篙碰到你,我是间接地碰到你吗?或你给我一头装在袋子里的猪,我可以间接地——**隔着**这个袋子——摸这头猪吗?何谓间接地嗅到什么,我完全想不出来。仅凭这一条,"我们是否直接感知事物?"这个问题看来就毛病不小,这里,感知显然意在涵盖这些意义中的**所有**用法。

4. 但是,还有其他理由让我们对间接感知这个概念能够或应该扩展多远深表怀疑。例如,它是不是覆盖或该不该覆盖电话?或电视?或雷达?在这些事例中我们是否离开原初的隐喻太远了?它们不管怎么说满足了那个好像是必要的条件——即,当下感知的东西(听筒里的声音,屏幕上的画面和光点)和我们也许会挑出来将之描述为间接感知到的东西同时存在、相伴变化。这个条件相当明确地排除了把看照片(静态地记录了过去的场景)和看电影(虽不是静态的,但看电影与所记录的事件并不是同时间的)算作间接感知的事例。肯定,这里可以画出一条界限。例如,在有些情况下,我们看到某种东西而且从这种东西可以推断另一种东西存在(或发生),但我们肯定不会准备把所有这样的情况**全都**称作间接感知;我们在远处只看到枪的火光,但我们**不该**说我们间接看到了枪。

5. 与此相当不同的一点是:我们若要认真打算说到某物被间接感知,它好像必须是这样一种东西,我们(至少有时)平常就那么感知它,或能就那么感知它,或别人能就那么感知它——就像我们自己的后脑勺。否则我们**根本**不愿说我们感知到这个事物,哪怕间接感知到。无疑,这里还有进一步的麻烦(例如,电子显微镜——对此我几乎一无所知——就引出这类麻烦)。不过,看来很清楚,一般来说,我们应当要区分两种情况,一种是间接看见我们原可能就那么**看见**的东西,例如,在镜子中看见,另一种是看见某种东西的征象(或效果),而这种东西自身则不能被感知,例如,威尔逊云室那种情况。把后一种情况说成间接地感知某种东西至少显得不那么自然。

6. 最后一个要点。由于并不那么隐晦的原因,我们在实际生活中总是偏爱或可称作**有现金价值的**表达式而非"间接"这个隐喻。假如我报告说我间接看见了敌舰,我会徒然招惹我确切所指为何的问题。"我的意思是我能看到雷达屏幕上的这些光点"——"嘿,你干吗早不这么说?"(比较"我能够看到一只不真实的鸭子"——"你是啥意思?""那是只饵鸭"——"原来如此。你干吗早不直说呢?")就是说,"间接地"(或"不真实的")这话实际上极少有乃至根本没有任何特定内容;这个表达式可以涵盖过多的不同情况,所以不会是我们在任何特定情况下**恰恰**要说的东西。

因此,哲学家对"直接感知"的用法,无论是什么意思,都显然不是日常用法或任何熟悉的用法;因为在**那种**用法中,说笔和香烟之类的物体从不被直接感知不仅是错误的,而且简直就是荒谬。但这种新的用法,作者没给我们任何解释和定义[①]——相反,它溜溜地跑了出来,仿佛我们都已对它相当熟悉。同样显然的是,哲学家的用法,无论是什么意思,违背了前面提到的好几条法则——好

---

① 艾耶尔很迟才注意到这一点,见第 60—61 页。

像没考虑要把这种用法限制于任何特定场合或任何特定意义,而且好像,据说我们是间接感知的那些东西**从不**被直接感知到——它们根本不是那**种有任何可能**被直接感知到的东西。

所有这些都尖锐地导向艾耶尔自己所提的问题,在我们上面考察的那个段落下面几行之后,他问道:"我们为什么不可以说我们直接感知物质事物?"他说,答案将由"通常所称的错觉论证"提供;而这就是我们接下来必须加以考察的。有可能,恰恰是答案会有助于我们理解问题本身。

三

错觉论证的本旨原在于引人面对我们在某些**反常的、例外的**情境中所感知的是什么这一问题时接受"感觉与料"作为适当的正确的答案;但事实上它后面通常添上一点儿附加的论证,意在确立人们所感知的**始终**是感觉与料。一总说来,什么是错觉论证呢?

艾耶尔对这个论证的表述①大致如下。它"基于这样的事实:物质事物对不同的观察者,或在不同境况中对同一观察者,可能呈现不同的外观,这些外观的性质在某种程度上是由诸种条件和观察者的状态因果地决定的"。艾耶尔接下去援引下述内容作为这个所谓事实的示例:视点("一枚硬币从一个视角看是圆的,从另外一个视角看则可能是椭圆的");折射("一根小细棍在正常情况下显得是直的,在水中看上去却是弯曲的");由药物造成的"颜色视觉"的变化("例如墨斯卡林");镜像;复视觉;幻觉;味觉的明显变化;冷暖感的变化("根据感觉冷暖的手本身是热的还是冷的");所感到的大小的变化("一枚硬币在舌头上好像比在掌心上大一些");还有那个常被引用的事实:"已经切除肢体的人仍可能继续感到那些肢体疼痛。"

---

① 艾耶尔,《经验知识的基础》,第 3—5 页。

然后，他选取了其中的三个例子进行详细讨论。第一，折射——一根小细棍在正常情况下"**显得是直的**"，但在水中"**看上去是弯的**"。他作出这些"假设"(a)这根小细棍放在水里的时候并没有**真的改变形状**，(b)它**不可能**既是弯的又是直的。① 他得出结论（"于是得到"），"这根小细棍的**视觉外观**至少有一个是欺幻的"。然而，甚至当"我们所见的东西不是物质事物的真正的性质，我们想来仍旧看见某种东西"——这个某种东西将被称为"感觉与料"。"感觉与料"将是"我们在感知中**直接**觉知的对象，即使它不是任何**物质事物**的一部分"。（这小节以及接下来两小节的黑体字是我加的。）

第二，海市蜃楼。他说，看到海市蜃楼的人"并不是在感知任何物质事物；因为他以为自己感知到的绿洲**并不存在**"。但是，"他的**经验**却不是关于无的经验"；然而，"人们说他是在经验着'感觉与料'，'感觉与料'与他若看见真正的绿洲所经验的东西性质相似，但却是欺幻的，其意义是：**它们显得在呈现的那个物质事物并不真正在那里**。"

最后是反射。我在镜子里看自己的时候，"我的身体**显得是在镜面后面的一段距离那里**"；但它实际上不可能同时在两个地方；所以，在这一例中，我的感知"不会都是完全**可靠无欺**的"。但是，我确实看见了**某种东西**；如果"在我的身体显得所在的那个地方并没有像我的身体那样的物质事物真正存在，那么我看见的是什么呢？"答案——"一种感觉与料"。艾耶尔加上说："从我的任何一个

---

① 艾耶尔把这些叫作"假设"，这不仅奇特，而且重要。后面他将颇为认真地考虑其中至少有一个是否应当加以否定；如果他在这里就把它们作为它们本来就是的平平常常无可争议的事实承认下来（而不是当作"假设"），他就不大会那么做了。

其他例子都可以得出同样的结论。"

我首先要请读者注意这个论证的名称——"**错觉**论证",以及这样一个事实:引进这个论证是为了确立我们的"感知"至少有一些是**幻觉性**的。因为在这里有两个很清晰的意思——(a)这个论证所援引的都是关于错觉的事例;(b)**错觉**和**幻觉**是一回事。但这两个意思,当然,都大错特错;而且指出这一点也绝非吹毛求疵,因为,我们就要看到,这个论证利用的恰恰是这一点上的混淆。

错觉的本真的事例会是什么呢?(实际上,艾耶尔援引的事例几乎哪个——反正,若不加以延伸——都根本不是错觉的事例。)首先,有一些视觉错觉的清楚事例——例如早先提到过的:两条长度相等的线,然而一条看上去比另一条长。还有魔术师这种专业"错觉制造者"制造的错觉——例如舞台上的无头女士,被处理得看上去没有头,或双簧里的哑巴搭档演得像是他在说话。下面这个例子相当不同——(通常)不是有意制造的——在一个方向上转得极快的轮子有时看上去是在反方向上缓慢旋转。幻觉则是某种与此完全不同的事情。典型的例子有受迫害幻觉、顾盼自雄幻觉。这些主要事关信念(以及由此而来的行为)的严重失序,它们也许与感知毫无特别的关联。① 但我认为我们也可以说看见粉红老鼠的病人有幻觉(为幻觉所困),尤其当这个病人——恐怕事情正是这样——没有清楚地意识到粉红老鼠不是真的老鼠,我们肯定可以这样说。②

---

① 后面这一点对"错觉"的**某些**用法当然也成立;据说,有的人年岁大了、智慧深了,有些错觉会消失。

② 对照该剧中叫作"哈维"的大白兔。

这里最重要的区别在于"错觉"这个概念（在感知的上下文中）并不意味着**凭空想象**出某种完全不真实的东西——相反，有东西摆在那里：那两条线和箭头，在页面上排着；那位女演员，就在舞台上，头套在黑色袋子里；转动的轮子；另一方面，"幻觉"这个概念则**确实**意味着某种完全不真实的东西，它根本不在那儿。（有受迫害幻觉的人，他的确信可以是**完全**没有根据的。）由于这个原因，幻觉是远更严重的事情——真的出了毛病，更有甚者，出了毛病的是有幻觉的**那个人**。而我面对视觉错觉时，无论摆脱错觉的运气好坏，我这个人并没什么毛病，错觉不是我自己的一个小小的（或大大的）特点或癖性；它是公共的，谁都能看见，在很多情况下可以建立起把它制造出来的标准程序。此外，我们要想不被错觉欺蒙，我们就需要**提高警惕**；但是让受幻觉之困的人提高警惕是没用的。他需要的是治疗。

那我们为什么会混淆错觉和幻觉呢——如果真把它们混淆的话？无疑，部分是因为这些用语经常用得松松垮垮。但还有一点，那就是人们在某些事例上可能对事实有不同的观点或理论，尽管这一点不一定得到明述。以见鬼为例。人们并不都知道或都同意"**见鬼**是怎么回事。一些人认为"看见鬼"是臆想出来的，也许是神经系统紊乱（在患者身上造成）的结果。依据他们的观点，见鬼就是一种幻觉。但另一些人认为所谓看见鬼是由于也许是被阴影，或是被反光，或是被光线的其他奇特作用愚弄了，就是说，在他们想来，看见鬼属于错觉。这样，见鬼之类就可能有时被标称作"幻觉"，有时被标称作"错觉"；而人们就可能没注意到我们采用哪个标称其实是有区别的。与此相仿，关于海市蜃楼这一类事情好像也有不同的看法。有些人好像把海市蜃楼看作是干渴难当筋疲力尽的旅行者因心智狂乱而臆想出来的景象（幻觉），另一些人认为那是大气折射的结果：地平线以下的景观被投射到了地平线上方（错觉）。(你可能记得，艾耶尔把它看作幻觉，尽管他把它和其它所有事例都引作错觉的事例。他不是说看似有绿洲的地方并无绿洲，而是直截了当说"它并不存在"。)

"错觉论证"对错觉和幻觉不加区分，并积极利用此点，我认为，缘故如下。只要提议说展示出来吸引我们的那些事例是**错觉**，那么，(从这个词的日常用法来看)这就意味着有某种我们的确感知到的东西。而悄悄着手把这些事例叫作幻觉，就塞进了一种很不一样的意味：这是凭空想象出来的东西，不真实的东西，或反正是"非物质的"东西。这两种意味合在一起，可以不知不觉间暗示，在所引的事例中我们的确感知到某种东西，但这是某种非物质的东西；这种暗示，即使还算不上结论，也肯定处心积虑推挤我们一把，恰恰向感觉与料理论家要我们接受的立场推挤得更近一点儿。

关于错觉和幻觉间的区别以及不可搅浑两者的理由，且说到这里——虽然蛮可以再说很多。现在让我们简要查看一下艾耶尔列出的其他一些事例。例如反射。无疑，你若适当地安置一些镜子，就**能够**用它们制造出错觉。然而，事情像他意味的那样，**凡**在镜子中看见东西都是错觉吗？显然不是。因为在镜子中看东西是完全正常的事，再熟悉不过，通常根本谈不上有谁会被蒙骗。无疑，你要是个从来没有见过镜子的婴儿或土人，站到镜子前，你可能相当困惑，甚至出现视觉混乱。但我们其他人因此就该在这里谈论错觉吗？说到视点现象也一样——同样，一个人**可以**通过视点玩把戏，但是在通常情况下没有错觉问题。圆的硬币从一些角度会（在某种意义上说）"看上去是椭圆的"，这恰是我们所预期的，也是我们通常所见的；的确，如果我们见到的竟不是这样，我们会大吃一惊。折射——小细棍放到水里看上去是弯曲的——我们也同样极为熟悉，不宜称之为错觉的一例。我们也许准备承认小细棍看上去是弯曲的；但我们同时看见它有一半浸在水里，因此那恰是我们会期待它看上去的样子。

似乎可以说，熟悉感磨去了错觉的棱角。认识到这一点很重要。电影是错觉的一例吗？第一个看到那种"活动画面"的人有可能倾向于说那是错觉的一例。但实际上，即使他，即使不过一时，他真被蒙骗的可能性也不大；到了现在，这事儿早已是生活中如此普通的一部分，我们再想不到哪怕是提出这个问题。那我们也可以问拍相片是不是制造错觉——这干干脆脆就是个傻问题。

然而，在这样谈论错觉和幻觉的时候，我们也不可忘记，有许多或多或少不平常的事例我们尚未提到，而它们肯定既不是错觉也不是幻觉。设想一个校对者出了错——他没有注意到应该是"亥"字却印成了"豕"；他出现了幻觉？抑或他有了错觉？当然，哪个都不是，他只是**读错**了。还有看见后像，尽管不是很常发生，而且不是普通的"看见"，但它既不是错觉也不是幻觉。梦呢？做梦的人出现了错觉？他有幻觉？都不是；梦就是**梦**。

现在我们转过来看看普莱斯关于错觉有什么要说的。他说的是[①]"'错觉'这个词的意思是什么"，由此为之提供了一个"初步定

[①] 《感知》，第27页。

义":"一个引起错觉的视觉或触觉感觉与料是这样一种感觉与料：我们倾向于把它当作物质对象的表面的一部分，但若我们这样认为就错了。"这个断言是什么意思，当然，绝不那么清楚；然而，这个定义其实并不符合所有的错觉事例，这一点好像还是相当清楚的。再来想想那两条线。这里有什么东西我们倾向于错把它当成某个物质对象的表面的一部分吗？好像没有。我们只是看见两条线，我们并不认为，甚至也不倾向于认为，我们看见了其他任何东西，我们甚至不会提出有任何东西是或不是"表面的一部分"这个问题——说说看，什么东西的表面？线条的表面？书页的表面？麻烦只在于一条线看上去比另一条线长而实际上并不长。在无头女士一例中，当然也谈不上有任何东西是或不是她表面一部分的问题，麻烦只在于她看上去仿佛没有头。

当然，值得注意的是，甚至在普莱斯开始考虑"错觉论证"之前，他已经预先在这一"定义"中纳入了这样的观念：在这些情况下，我们除了可以看到通常的东西，**此外还**可以看到某些东西——这种东西是错觉论证常常被用来**证明**——也不少见被认为**证明**了——的东西的一部分。但若我们是在打算说明"错觉"的**意思是什么**，就肯定不能先引入上述观念。在论述视点问题的时候（无独有偶，普莱斯也把视点现象引作错觉的一个子类），他再次（据我想，不适当地）引进了这个观念："远处的一个山丘，到处凸凹不平，相当平缓地渐渐升高，却会显得是平滑的、直立的⋯⋯这意味着感觉与料，亦即我们感觉到的颜色域，其实是平滑的、直立的。"但我们为什么要接受对事情的这种论述？为什么要说我们所看到的东西中，**有任何东西是**平滑的、直立的，却又不是任何物质对象的"表面的一部分"？这样的说法把所有这类事例，只要其中**存在着**某种不是"任何物质事物的一部分"的东西，都同化为幻觉事例。但我们已经讨论过，这种同化是不可欲的。

接下来，让我们看看艾耶尔对自己援引的至少几个事例所给出的解说。（公正起见，我们必须记住，关于错觉论证的价值和有效性，艾耶尔颇有几点实质性的保留，因此并不容易判断对自己的解说他有多认真；不过这是我们将回过头来讨论的一点。）

第一个，我们熟悉的水中小细棍的例子。关于这个例子，艾耶尔说(a)既然这小细棍看上去是弯曲的而它实际是直的，"这根小细棍的视觉外观至少有一个是欺幻的"；(b)"我们看到的（至少直接看到的）不是某个物质事物的（几行以后，加上'一部分的'）真实性质"。好吧，先来说说：小细棍看上去是弯曲的吗？我想我们可以同意，我们没有更好的方式描述它。但当然，它看上去**并不完全**像一根弯曲的小细棍，一根不在水里的弯曲的小细棍——至多可以说像一根一半**浸在水里**的弯曲的小细棍。毕竟，我们不会看不见那根小细棍有一部分浸在其中的水。那么，这个例子中究竟有什么应被视作**欺幻**呢？一根小细棍是直的但有时看上去弯曲，这里有什么不对头的，有什么哪怕微微让人惊讶的？谁会认为什么东西只要是直的，它就一定得不管在什么时候什么环境下看上去总是直的？显然没谁真这么认为。那么据认为我们这里是搅进了什么浑水，困难在哪儿？因为据认为，当然，这里必定**有某种困难**——而且，这个困难要求一个相当激进的解决方案，要求引入感觉与料。但以这样的方式把我们招来去解决的问题是什么？

好，我们被告知，在这个事例中我们看到了**某种东西**；如果这东西不是"某个物质事物的一部分"，那它是什么？但提出这个问题，实实在在，是疯了。小细棍直的那一部分，不在水里的那一部分，想来是物质实体的一部分；我们看不到这部分吗？但**水里那部分呢**？——我们也同样看得见。而且，要这么说，我们连水也一道看见。实际上我们看见的是**一部分浸在水里的一根小细棍**；大奇特奇，这竟会显得像是件应被疑问的事情——我们看见了什么的问题竟会被提出来——因为这，绕了一圈，只不过是我们一开始对这种情况的描述。这是说，我们一开始就同意我们在看一根小细棍，一个"物质实体"，它有一部分浸在水里。若换个颇为不同的事例，一个巧妙伪装成谷仓的教堂，怎么可能当真提出我们看它的时候看见了什么的问题？我们看见，当然，一个**看上去像谷仓的教堂**。我们看见的不是一个非物质的谷仓，非物质的教堂，或非物质的任何其他东西。这个事例里有什么当真能诱使我们说我们看见了非物质的东西？

顺便请注意，艾耶尔对水中小细棍事例的描述，想来应先于得出任何哲学结论之前，可是在这个描述里已经偷偷溜进了"视觉外观"这个表达式，它不宣而至却很要紧——最终要提议的，当然，正在于我们看见什么的时候所得到的一切一切**无非视觉外观**（不管那是个什么）而已。

下一个，我们来考虑我在镜子里的镜像。艾耶尔说，我的身体"显得是在镜面后面的一段距离那里"，但其实它在镜面前面，它不可能当真在镜面后面。那么，我现在看见了什么？感觉与料。这行不行？虽然说我的身体"似乎是在镜面后面"我们并无异议，但再一次,我们这么说的时候必须记住我们是在处理怎样一种情况。它"显得是"在那儿,但"显得"的方式并不至于会诱使我(虽然有可能诱使一个婴儿和土人)转到后面去找它,而找不到就会很惊讶。(说 **A 在 B 里**,并不总是指你打开了 **B** 就能拿出 **A**,正如我们说 **A 在 B 上**,并不总是指你能把它捡起来——想想"我看见我在镜子里的脸","我的胃里有点疼","我在收音机上听到他","我在屏幕上看到那幅图像"等等。在镜子里看见某种东西可不像在橱窗里看见小面包圈。)我的身体实际上并不处在镜子的后面,但由此能否推出,我没看见物质实体?显然不能。首先,我能看见镜子(至少几乎总能看见)。我可以"间接地",即通过镜子,看见我的身体。我可以看见我自己身体的映像,或有人会说,看见镜像。镜像(如果我们选择这种说法)不是"感觉与料";镜像可以被照下来,可以被很多人看见,等等。(当然,这里并没有错觉或幻觉的问题。)如果穷追不舍,追问镜子后面一段距离以外,例如五英尺以外,究竟**是**什么,那答案便是:不是一个"感觉与料",是隔壁房间的一块地方。

32　　海市蜃楼这个事例——至少如果我们取艾耶尔那样的看法,即旅行人以为自己能看到的绿洲其实"并不存在"——比其他事例远更顺适作者提供的解说。因为我们在这里设想这个人真正受到欺幻,他并**没有**"看到一个物质实体"。① 然而,即使在这里,我们实际上也不必说他"经验着感觉与料";尽管如艾耶尔前面所言,为

---

① 甚至没有"间接"看到,没有那种东西"在那里"。但这样一来,这个事例尽管更顺适,对哲学家的用处却好像少多了。很难看出正常事例怎么会与这个事例**非常**相像。

他经验着的东西"给个名称会比较方便",可事实是它已经有名称了——**海市蜃楼**。再者,我们应该有点儿脑子,别轻易接受这样的说法:他经验着的东西"在性质上相似于他看到真的绿洲时会经验的东西"。因为它当真很可能非常相似吗?到后文可知,我们要是退让了这一步,到时候我们会发现这个让步会被用来对付我们——到那个时候,我们将被邀请去同意即使在正常情况下我们看到的也总是"感觉与料"。

四

我们到时候将要考察艾耶尔自己对错觉论证的"评估",看看按照他的看法,这一论证表明了什么,以及为什么表明了这些。但我眼下想把注意力投向他在解说这一论证时所表现出来的另一个特征——实际上,这个特征在大多数哲学家的相关阐述那里好像是共同的。在列举错觉论证所依赖的事例时,艾耶尔相当随意地使用"看上去"、"显得"、"好像是"这几个语词,看来,他像许多别的哲学家一样,不觉得在何种场合应当使用其中哪一个有什么要紧,的确,这也意味着,在他飞快的哲学飞行途中,这些语词可以互换使用,没什么可多加推敲选择的。然而,事实并非如此,相关表达式实际上有**相当不同**的用法,你用这一个还是那一个,结果常常**差之千里**。的确,不总是如此——我们将会看到,在有些情况下,这些表达式究其实差不多是一回事,在有些语境中,它们的确或多或少是可以互换的。然而,因为这样的例子而下结论说这些语词的各种用法没有**任何**殊异之处,那可就错了;它们有区别,许多上下文和结构表明了这一点。[①] 我们若要避免由于某些误导而把它们同化,这里唯一的办法是考察这些表达式用法的大量实例,最后我

---

① 比较一下这几个表达式:正当、应当、职责、义务——这里也一样,有一些上下文,在其中这些词用**随便哪个**都行,尽管如此,它们每一个的用法仍然有巨大而重要的差异。这里也一样,哲学家们普遍忽视了这些区别。

们会对它们之间的区别有点儿体会。

好,首先,"看上去"。我们至少有以下几种情况和结构:

1. (a) 它看上去是蓝的(圆的、三角的等等)。
   (b) 他看上去是绅士模样(流浪汉模样、运动员模样、典型的英国人模样)。
   她看上去是很时髦的(怪丑陋的、邋邋遢遢的)。

在这些例子中,动词后面紧跟着("是"+)形容词或形容词短语。

2. (a) 这(一种颜色)看上去像蓝色(这种颜色)。
   这看上去像一台收音机。
   (b) 他看上去像个绅士(海员、骑兵)。

上述例子中,"看上去像"(参照"听上去像")后面跟名词。

3. (a) 天看上去似乎在下雨(它看上去似乎是空的、中空的)。
   天看上去就像在下雨(它看上去就像是空的、中空的)。
   (b) 他看上去似乎有60岁了(要晕过去了)。
   他看上去就像有60岁了(要晕过去了)。

4. (a) 看上去,我们似乎没法进去。

(b) 看上去,他似乎在为什么事儿担忧。

35 现在,我们试试"显得"。

1. (a) 它显得挺蓝的(颠倒过来的样子、细长的样子等等)。

(b) 他显得很绅士。

2. (a) 它显得像是蓝色。

(b) 他显得像是个绅士。

(不过,"显得"的这个结构是否真能得到辩护,很值得怀疑;至少在我听来确实很可疑。)

3. (和 4.)(a) 它显得就像……

(b) 他显得就像……

5. (a) 它显得在扩大。

它显得是赝品。

(b) 他显得蛮喜欢她(显得已经冷静下来了)。

他显得是个埃及人。

6. (a) 它显现为地平线上的一个黑点。

(b)(这样叙述下来,等等)他显现为一个具有优良品格的人。(我们也可以这样说一个演员:他显现为拿破仑。)

7. 情况显现为,他们都已经被吃掉了。

请特别注意,"看上去"并**不**具备这里我们举出的 5 至 7 这几种结构。① 在某些意义上,这些是我们需要关注的最重要的例子。

说到"好像是",我们可以简明说,它和"显得"分享所有这些结构——其中,结构(2)用"好像"比用"显得像"少些疑问。("这好像是旧日时光","这好像整个是场噩梦")——除开一个重要的例外:"好像是"不具有任何与结构(6)相类的结构。

现在我们该如何说明这些语词在这些不同结构中的区别?其中一个区别肯定相当显眼:颇为粗略地说,"看上去"限定在**视觉**的范围,而用到"显得"和"好像是"则不要求也不意味着所运用的是任何一个特定的感官。② 因此,有好几个词和"看上去"是同一类的,即"听上去"、"闻上去"、"尝上去"、"摸上去",其中每一个和它所属的特定感官的关系(差不多)完全像"看上去"和视觉感官的关系。

但我们当然还要看一看更细微的区别;在这里我们仍然要考察更多的实例,问一问究竟在什么样的环境下我们会说什么,以及为什么这么说:

---

① 也许在口语中,"看上去"确实也有 5 至 7 中的某些结构。好吧,要是有,那就是有。不过,口语常常有点儿**随便**,而且我们知道——或我们有些人知道——哪些时候有点儿随便。当然,如果我们不深谙这种语言,或我们反正对这类事情不很敏感,我们就不知道。

② 无疑,我们常常使用"看上去"而并不单单意谓或字面上意谓"用眼睛看去";然而这颇为当然,因为我们同样这样延伸"看见"的用法。

考虑下列句子：

(1) 他看上去有罪。

(2) 他显得有罪。

(3) 他好像有罪。

我们会说第一个句子单单在评论他的**样子**——他有个有罪的人的样子。① 第二个句子，我想，典型地用于指涉某些**特定的环境**——"问到那些钱他怎么用的，他对所有这些盘问支支吾吾，我很同意，这时候他显得有罪，但大部分时间他的举止态度（不只是看上去的样子）是蛮无辜的"。第三个句子相当清楚地暗示和某些**证据**有关——这些证据当然涉及他**是否有罪**，然而又不足以对这个问题下定论——"根据到目前为止我们听到的证据，他好像有罪。"

再考虑以下句子：(1)"小山看上去很陡峭"——它有陡峭小山的样子；(2)"山显得很陡峭"——当你从山下看它的时候；(3)"山好像很陡峭"——从我们已经换了两次档这个事实来判断。再有

(1) "她看上去很时髦"——足够直捷易懂；

(2) "她好像很时髦"——从这些照片，从他们对我

说到她的那些说法，等等；

(3) "她显得（是）很时髦（的）"——（这种说法实际

---

① 注意"不喜欢他的样子"和"不喜欢他的外观"之间的区别；注意我们会为很多不同的缘故"打扮外观"，而其中有一个是"为了让事情看上去是那个样子"或曰"装门面"。

上很有疑问，但**也许**在不那么讲究的地方话里可以说她"好像是很时髦的"）。

即使不去探究更多细节，已经足够明白，"看上去"、"显得"、"好像"的用法背后的根源观念是不同的，而且经常会有些地方我们能用这一个却不能用那一个。一个好像有罪的人不一定**看上去**有罪。不过很容易看到，在适当的上下文中它们可以走得很近：例如，一个人看上去病了，这可以**是**我们也能说他好像病了所依的证据；再如，我们评论某事物看上去如何如何也可以**是**评论就一些特定环境看来它显得如何如何。但在下面的情况下就不是这样：要么，某事物看上去如何如何是远不充分的证据（只因为她的首饰看上去是真的就说它们好像是真的，难免太急）；要么，某事物看上去如何如何已足够定论（除了**看上去**时髦，她还得做点儿什么才**是**时髦的？）；要么，就此而论，某事物当真是如此这般这一点毫无可疑（"他看上去像他爸爸"——但是没有人会说他好像**是**他爸爸）。此外，在有些特定事例那里，就该情况的本性而言，某事物看上去（摸上去等等）如何如何是我们对它所能了解的全部，或是我们通常对它所关注的全部；我们一般不会费心去区分"太阳感觉起来很热"和"太阳是很热的"，"天空是很蓝的"和"天空看上去很蓝"。

一般说来，说"好像"的时候，我们有些证据，但它们达不到定论；与这一点连在一起的是："好像"与"也许是"和"也许不是"都相容。"他也许有罪；他的确好像有罪"，"他确实好像有罪，但他也许无罪"。"好像"也可以和"是"或"不是"相连；但我们通常会发现这牵涉到心里意指的不再是同一批证据。我说："他确实好像有罪，但他并无罪",我通常不是说**正是那些**使他好像有罪的证据说明他无罪,而是说,例如,根据到目前为止提呈的(或为公众所知的)证据看,他好像有罪,然而,存在着(或我有)进一步的证据说明他无罪。当然,我或许会即使面对如山铁证仍然坚持认定或坚持否认他有罪;但这不是也不可能是正常情况。

然而,"似乎像是"这个结构要求区别对待。它的作用好像是传达某事物造成的**一般印象**;虽然有时候它和"好像是"非常近似("那似乎像是/好像是一场认真的调查"),但经常并不近似。就是说,一般印象**也许可以**作为证据;但通常不行。"此后的三天似乎像是一个长长的噩梦"并不是意味着它们真的好像**是**真实的噩梦,并不意味我倾向于认为它们**是**真实的噩梦。要说的话,它意味着真实的噩梦是这三天**与之相像**的东西——不过,在这样一个上下文里,没多少东西帮助我们在"好像"和"是"之间做出选择。

对于"看上去"或"看上去像"与"是"如何关联的问题,当然根本没有一个一般的答案;答案有赖于各个特定事例的全部周边情况。如果我说汽油看上去像水,我显然仅只在谈论汽油看上去是什么样子;我并不被诱使去认为也并不意味着,汽油也许**是**水。"八孔直笛听上去像长笛"与此相似。但"这看上去像水"("那听上去像长笛")则可能不同;如果我还不知道"这"是什么,我可能会把它看上去像水这一事实作为认为它是水的一个理由。但我也有可能不把它作为这样认为的理由。说"那听上去像长笛",我无非在说,这种声音具有某种特征;这个特征可能是也可能不是一种证据,我可能是也可能不意在把它当作一种证据,用来证明这种乐器是什么,是什么在发出这种声音。这话的意图是什么,它被当作什么,将取决于说话场合的更多事实;词语本身既不意味着这个也不意味着那个。

"看上去像"可以意谓不同的东西,可以有不同的理解。其中包括另一种类型的差异。我们坐在体育馆后排高处的座位上,将要观看一场有日本队参加的足球比赛。一支队伍跑步进场。我可能说,

(1)"他们看上去像蚂蚁",或
(2)"他们看上去像欧洲人"。

非常清楚,我说句(1),意思并**不是**我倾向于认为上场的是一些蚂蚁,也**不是**细看之下这些运动员极像蚂蚁或哪怕相当像蚂蚁。(例如我可能很明白,甚至可以看见,他们没长着细得像要断掉的腰。)我的意思当然是,从这么老远的距离看,人看上去(相当)像我们在通常看蚂蚁的那种距离大约 6 英尺吧——所看到的蚂蚁那样。反之,我说句(2),意思**可以**是这支上场的足球队是些欧洲人,或至少根据他们的样子我这么想;但我的意思也可以是(虽然我知道这支球队是日本队)出乎我的意料,这些球员看上去像是欧洲人,从样子上看像欧洲人。比较一下"月亮看上去不比六便士硬币大"——月亮并不是看上去似乎不比六便士硬币大,或像假使六便士硬币像月亮那么远它看上去会是的那个大小;这话当然是说,月亮看上去和六便士硬币看上去大小相似,如果你伸直胳膊拿着它看的话。

这些说法错综复杂,其中有一些因素来自"像"这个词本身,或至少在"像"这个词那里也能发现,而不是"看上去像"所特有的。

试想,"那朵云像一匹马"和"那个动物像一匹马"。就云朵来说,即使我们说它**一模一样**像匹马,意思也不是有谁会轻易错把它认作一匹马,**跃跃欲试**骑上它奔跑等等。但如果谁说一个**动物**像匹马,那么很有可能在一些情况下它会被错认为是一匹马,也许有人会想骑上它等等。① 所以,这里和别处一样,仅仅考察语词本身是不够的;语词意谓什么,能从中推论出什么(如果有什么可推论的话),只有靠考察语词使用时的全部周边情况才能确定。我们已经提到过,我们说小细棍半浸在水里时"看上去是弯曲的",这时必须考虑到我们谈论的是何种情境;绝不能想当然地认为,我们在这个情境下使用这个表达式,意思是小细棍看上去真的一模一样像(可能被错当成)一根实际上弯曲的小细棍。在这里我们可以补充说,例如,虽然我们用同样的话来描述梦境和正常的、清醒的经验,但显然不能认为这些话语的力量和涵义在两种情况下是完全同等的。事实上,恰因为我们都知道梦与清醒时的经验**完全不同**,我们才能放心使用日常表达式来叙述梦境;人人都熟知梦所处的上下文是极为独特的,这足以使得谁都不会因我们用普通语汇来叙述而被误导。

最后两点。首先,针对许多哲学家的说法,值得强调的是,关于样子的描述既不是"不可更改的",也不是"主观的"。当然,像"红"这样非常熟悉的词,我们无疑不大可能用错(但在一些边缘事例那里呢?)。但的确有人会说,"它看上去是雪青色的",然后又**或者拿**

---

① 请注意,与某些哲学理论好像提示的相反,**是**某人某事这一概念要优先于**像**某人某事这一概念。"这种动物被叫作猪很可能是因为它的确吃起东西来像猪"——这话里包含了多少错误?

不准把这种东西的颜色叫作"雪青色"对不对，**或者**（再看一眼）拿不准这个东西是否真的看上去是雪青色的。任何人关于某某看上去这样那样的陈述，**原则上**肯定没有什么终极的、结论性的铁定的、无可辩驳的东西。我即使说，"……**此刻对我**看上去……"，在追问之下，或在更留心地观察了这个东西之后，我仍然可能要修正我的陈述，甚至要撤回它。"此刻对我"排除了其他人和其他时间，但这并没有完全排除不确定性，没有排除受到挑战以至被证明为错误的**一切**可能。也许，下面这一点甚至更加清楚，一般说来，事物看上去是什么情形，就像事物是什么那样，同样是关于世界的事实，同样可受到公开的确认或挑战。我说汽油看上去像水，我表明的不是一个关于**我自己**的事实，而是关于汽油的事实。

　　最后一点关乎"好像"。意味深长的是，我们表达一个判断或看法，可以开头说"从它的样子来判断……"或"按照外观判断……"；但我们不能说，"根据**好像之事**来判断……"——"好像"没有名词形式。为什么？难道不是因为，样子和外观提供给我们可藉以作出判断的**事实**，而说到事物好像怎样则**已经**表达了一个判断？这一点实际上强烈地提示出"好像是"所特有的、奇异的功能。

五

现在我要重新拾起错觉论证，看看我们所讨论的文著是怎样表述这个哲学论证的。此前我提到过，错觉论证首先是为了说服我们，在某些例外的反常的情境中，我们所感知的——至少是我们直接感知的——是感觉与料；但接着就来了第二阶段，在这个阶段，这个论证引导我们去承认，即使在正常的、并非例外的情况下，我们（直接）感知的也**始终是**感觉与料。这第二阶段是我们现在必须加以考察的。

艾耶尔是这样来阐述这个命题的。① 他说："那些真实地呈现了物质事物的感知和那些欺幻的感知之间并没有种类上的内在区别。我看一根在水里因折射而显得弯曲的直的小细棍，就仿佛我在看一根真的弯曲的小细棍，这两种经验在质上是相同的。"然而，假使"当我们的感知是欺幻的，我们就总是感知到某种种类上不同于感知是真实之时所感知的东西"，那么，"我们应该期待我们的经验在这两种情况中有质的不同。我们应该期待能依赖于一个感知的内在性质辨别出它是对感觉与料的感知还是对物质事物的感知。但这是不可能的……"艾耶尔让我们参阅普莱斯对这一点的

---

① 艾耶尔，《经验知识的基础》，第 5—9 页。

阐论,其实,普莱斯的阐论①与艾耶尔的阐释并不完全类似。因为普莱斯一来已经得到了我们感知的始终都是感觉与料的结论,他在相关段落里只是在试图论证我们无法区分**正常的**感觉与料和**反常的**感觉与料,前者"是物质事物表面的一些部分",后者则不是"物质事物表面的一些部分"。不过,他所采用的论证几乎是一样的:"立在水里的直的小细棍的反常的、弯曲的感觉与料,在质上无法区别于弯曲的小细棍的正常的感觉与料。"但若说"两种在所有这些属性上都如此相似的存在物真正说来却是完全不同的:一个是物质对象的真正组成部分,完全独立于观察者的心智和组织,而另一个只是大脑过程的来去不定的产物,那不是很不可思议么?"

艾耶尔和普莱斯都进一步论证:"即使在可靠无欺的感知那里,我们也并不直接觉知物质事物(或用普莱斯的话说,我们的感觉与料不是物质事物表面的部分)",因为"可靠无欺的和欺幻的感知也许构成了一个连续的系列。因而,我们从远处逐渐靠近一个物体,我会从具有一系列欺幻的感知开始,它们是欺幻的,意思是说该物体显得比它实际所是的要小些。让我们假设这个系列的终点是某个可靠无欺的感知。②而这个可靠无欺的感知与那个此前紧挨着它的感知之间的性质区别,将无异于这个系列中任何两个前后相继的欺幻性感知之间的区别……"但"这些区别是程度上的而非种类上的区别。但可以一辩的是,假使这个可靠无欺的感知是对不同种类的对象的感知,是对与感觉与料相对立的物质事物

---

① 《感知》,第31页。
② 但我们也许会问,这样的假设到底是怎么回事?一个物体,例如一个板球,在什么距离上才"看上去是它真实的大小",六英尺?二十英尺?

的感知,那么上述结论就不是我们会期待的结论。可靠无欺的感知与欺幻的感知以上述例子所指出的方式融为一体,这不表明了在两种情况下所感知的对象都是相同种类的吗?由此将会推出,如果我们刚才承认欺幻的感知是对感觉与料的感知,那我们直接经验到的就是感觉与料而从不是物质事物。"用普莱斯的话说:"在只存在无限小的性质区别之处竟会存在着某种完全不同的本质,这似乎太出奇了。"①

对这样摆到我们面前的论证,我们该怎么办呢?

1. 先说一点:很明显,艾耶尔陈述这个论证时所使用的语词就带有强烈的成见。你记得,普莱斯提出这个论证,并不是为了证明我们总是知觉感觉与料;在他看来,这个问题已经解决了,而他认为自己这里面临的问题只是感觉与料是不是"物质对象表面的一部分"。但在艾耶尔的阐论中,这一论证是作为我们在感知中(直接)知觉的总是感觉与料这一结论的根据提出来的;如果是这样,从陈述这个论证本身的第一句话开始实际上就已经假设好了这个结论,这好像是个相当严重的缺点。在那句话里,艾耶尔用了"感知物"这个词(的确不是第一次用到,但它碰巧从来没被定义过或者解释过),而且这里乃至通篇都理所当然地认为在无论何种情况下我们都知觉到某种存在物,即"感知物",无论它们是欺幻的还是可靠无欺的。当然,如果谁已经被诱使咽下了这种观念:每一种情况,无论"欺幻的"还是"可靠无欺的",都为我们供应了"感知

---

① 普莱斯和艾耶尔都援引了更进一步的论证,这个论证用我们的"感知""因果地依赖于"观察条件以及我们自己的"生理状态和心理状态"做了一番把戏。我略去这个论证未予考虑。

物",那当然就太容易让他觉得,他要是不肯同样全盘无遗地咽下感觉与料,未免有点儿拘泥于小节了。可实际上他还没被告知"感知物"究竟**是**什么呢;它们无所不在的假设是默不作声溜进来的,没做任何解释、任何论证。这一大番话貌似在对人们进行论证,但若这些人不曾从一开始就被摆布得像是已经认可了本质之点,这论证还会陈说得如此一帆风顺吗?

2. 当然我们还想提出另一份抗议,抗议这一论证粗率地设定了"可靠无欺经验和欺幻经验"的简单两分。我们已经看到,根本没有什么根据把所有所谓的欺幻经验都包在一起,同样也没有什么根据把所有所谓的可靠无欺经验包在一起。但话说回来,要不这样设定,这个论证能进行得如此顺畅吗?它表述起来肯定会要长得多——无独有偶,那倒只会是件好事。

3. 但现在来看看这个论证实际上说了什么。你会记得,它是从陈说一个所谓事实开始的——即"我们那些真实地呈现物质事物的感知和那些欺幻感知之间并没有种类上的内在区别"(艾耶尔),或"在正常的感觉与料本身和反常的感觉与料本身之间并没有性质上的区别"(普莱斯)。现在,我们尽可能避而不谈这类说法所包含的很多不清不楚之处以及会遭致的反对,先来问问这里的所谓事实实际上是不是真的。"欺幻经验和可靠无欺经验"实际上是不是并无"性质上的区别"?好,至少,用这种包罗万象的方式来这么说似乎很出奇。来考虑几个事例。我可能经历了一个梦(想来要称之为"欺幻经验"),梦见自己受到教皇接见。我们真能认真提议说这样一个梦与**实际上受**到教皇接见"在性质上无法区分"吗?显然不能。毕竟,我们有"梦幻般的性质"这个短语;某些醒时的经历据说就有这种梦幻般的性质,艺术家和作家有时会尝试赋予其作品这种性质,只是通常不大成功。但若这里所谓的事实**当真是**个事实,那么这个短语就完全没有含义,因为它能应用到所有事物上。假如梦和醒时的经验没有"性质上的"区别,那么**所有**醒时的经验都会像一场梦;梦幻般的性质,不是难以被艺术家把捉,而是不可避免。① 前面说到过,我们**叙述**梦境所用的语词的确无异于叙述醒时经验的语词:说到底,这些语词是我们有的最好的语词;但若由此推出两种情况下所叙述的东西**完全一样**就大错特错了。头被狠撞了一下,我们有时会说"群星乱冒";尽管如此,你撞了头看见群星与你仰望夜空看见群星并不是"在性质上"无法区分的。

同样,说对着白墙看见一个浅绿色的后像和实际上看见墙上的一块浅绿色完全一样,这么说简简单单就不对;下面的说法也一样:说用蓝眼镜看白墙完全类似于看见蓝色的墙,说在震颤性谵妄中看见粉色老鼠完全相似于实际上看见粉色老鼠,说(再来一次)看见水中折射的小细棍完全类似于看见弯曲的小细棍。在所有这些情形中,我们**说的**都可以一样("它看上去是蓝的","它看上去是弯曲的"等等),但这根本不是否认相关"经验"是**不同经验**这一明显事实的理由。

4. 接下来,我们很可能至少想询问一下下面这个普遍原则有几分可信,它大致是说:假如两样东西并非"在类上相同"、"在本质

---

① 笛卡尔耍弄我们的所有经验也许都是一场梦这个想法,其为荒谬就部分因此,当然,只是**部分**因此。

上"相同,它们就不可能相似,或哪怕有点儿相似。艾耶尔和普莱斯好像都很依赖于这个奇特的原则。① 艾耶尔说,如果我们不时感知到的事物真的是两种不同种类的事物,那么"我们应该期待"它们在性质上是不同的。但究竟我们为什么应该?——尤其若像艾耶尔提议的那样,无论我们发现它属于哪个种类,它实际上都不是真实的。这个话题很难得到有意义的讨论,因为我们只感知**两类事物**这一假设一开始就很荒谬。但若,举个例子,我从未见过镜子,但被告知(a)我们在镜子中能看见事物的反射影像,(b)事物的反射影像"在类别上"与事物不相同。我因此有任何理由该坚持**期待**看见事物与看见它们的反射影像之间会出现巨大的质上的区别吗?显然不该;我要是比较慎重,我该做的只是等"看见反射影像"再说,看那是什么样的。我被告知柠檬在类别上不同于肥皂,我就坚持"期待"没有一块肥皂能看上去和一个柠檬一模一样吗?我为什么该这么期待?

(值得注意,普莱斯论证到这里,大胆借用修辞手法来帮忙,他问道:假如一个存在物是"物质对象的真正组成成分",另一个是"他的大脑过程的来去不定的产物",两个存在物怎么可能是"在质上无法区分的"?但怎么一来就会认为我们已被说服去相信感觉与料**都是**大脑过程的来去不定的产物?这个具有浓烈修辞色彩的描述语适用于,例如,我的脸在镜子里的影像么?)

5. 这个论证似乎依赖于另一个错误的原则:欺幻经验和真实经验(就其本身而论)**必定**无法"在质上"或"内在地"加以区分——

---

① 艾耶尔后来事实上表达了一些怀疑,见第12页。

因为若能加以区分，我们不可能被"蒙骗"。当然不是这样。我有时被蒙骗，或弄错，或由于不曾把 A 和 B 区分开而上当，从这类事实根本得不出 A 和 B 必定是**无法区分**的。如果我更仔细或更留意，我本可以觉察出不同；也许我刚好拙于区分这类事物（例如葡萄酒）；也可能，我从来没学过怎样区分它们，或在这方面没有多少经验。也许真像艾耶尔所说的那样，"一个孩子若不知道折射是造成变形的一种方式，他会自然而然地相信小细棍真的像他看见的那样是弯曲的"；然而，一个没被教过的小孩也许不会区分**折射**和**弯曲**，这个事实怎么就被认作证明了这两种情形之间没有"质上"的区别呢？如果我对一个职业品茶师说："这两种牌子的茶叶的味道不可能有什么差别，因为我通常分辨不出来"，我想必会从他那里得到什么样的反应呢？同样，当敏捷的手欺骗了眼睛，不是手实际上所做的和我们被诱使去相信它正在做的**完全一样**，而仅仅是**不可能觉察出**手实际上做了什么。在这种情形中，我们可能真的无法辨别，而不仅仅是实际上没辨别出来；但连这个也不意味着这两回事情是完全一样的。

我当然不想否认，在有些情形中，欺幻经验和可靠无欺经验确实"在质上无法区分"；但我确实想否认（a）这些情形会像艾耶尔和普莱斯两人好像都认为的**那样常见**，（b）**必定**可以圈定哪些情形是我们的确无疑"被感官欺骗"的情形。我们毕竟不是准无误的生物，只在完全不可能避免犯错误的地方才上当。但是，如果我们准备承认可能有，甚至事实上有一些情形，在那里欺幻感知和可靠无欺感知确实无法区分，这种承认就会把我们诱向，甚至把我们迫向，感觉与料吗？不，因为即使我们先已承认（我们到目前为止还没看到承认这一点的理由）我们在"非正常情况中"所感知的是感觉与料，我们也并无义务把这种承认扩展到正常情况中去。因为，在某些少数事例中，为什么感知一类事物就**不能**与感知另一类事物完全一样？

6. 在估价这个论证的说服力方面，还有一个很一般的困难，到目前为止，我们（和我们所讨论的作者一样）尚未加审视。艾耶尔让我们考虑的问题是：两类感知，诸欺幻感知和诸可靠无欺感知，是不是"在质上不同"、"内在地类型不同"；但若没有告诉我们什么是"一个感知"，我们该怎么哪怕是着手来考虑这个问题呢？尤其是，一个事例的哪些周边情形应当被包含在"一个感知"之中？而这些周边情形通常是会得到陈述的。例如，再以水里的小细棍为例：这个事例的特点是，小细棍有一部分在水里，而水当然不是看不见的；那么，水是不是这个感知的一部分？很难想出任何理由否认它是，但**如果**它是，想必在一个极其显著的方面，"这个感知"不同于，可区别于，我们在看一个**不**在水中的弯曲的小细棍时的感知。也许，在某种意义上，是否有水不是这个事例的**主要事物**——我们被认为主要是在关注小细棍的问题。但实际上，大量心理学研究已经表明，在一个事物和另一个事物之间作出区别经常依赖于这一类或多或少在主要事物外部的伴随物，哪怕我们没有意识到没有特别注意到它。我上面说，作者没有告诉我们什么是"一个感知"，但若作者给出了无论什么可以一辩的解说，这个解说竟可以完全把所有这些非常重要的附随情形排除在外吗？**假使**把它们都排除在外——以或多或少任意的方式——"虚幻感知"和"可靠无欺感知"无法区分的主张还有什么意思，还有什么要紧？如果你排除了 A 和 B 相异的方面，不消说，你可以预期剩下的只有它们相同的方面了。

我总结一下。这部分哲学论证涉及以下诸项（各个事例并不同等重要地涉及这些事项）：(a)接受了一种虚假的两分法，把所有"感知"分为两类，虚幻感知和可靠无欺感知——且不说"诸感知"本身是未加解释就引入的；(b)暗暗地却同时又是荒谬地夸大了"虚幻感知"出现的**频率**；(c)又进一步荒谬地夸大了"虚幻感知"和"可靠无欺感知"的**相似点**；(d)错误地认为一定有这类相似点，甚至认为它们在质上**是相同的**；(e)接纳了一种无端的看法："种类有别"的事物不可能在质上相似；(f)——这是(c)和(a)的推论——无端忽视了那些或多或少是附属性质的周边情形，然而是它们使我们能够区分两个在其他**一般**方面也许大体相似的事例。这些似乎是相当严重的缺陷。

六

当然,艾耶尔自己并非从字面上照单全收错觉论证以及我们刚刚考察过的支持这一论证的那几条理由。他说,他阐论的这些论证需要"评估",对它们的评估也正是他接下来做的。① 我们必须来考察他是怎样说的。

我们先要遗憾地指出,艾耶尔毫不犹豫地吞下了这一论证中大可置疑的一大部分;他实际上接纳了这一论证所据的所有真正重要的错误。例如,他毫不为关于"感觉与料"和"物质事物"的所谓两分感到不安——他倒是愿意讨论这是**哪一种两分**,但**存在这样一种两分**他并不质疑;这个论证未加说明就引进了那些据称无所不在的存在物,"诸感知",接着又把它们两分为看似整齐的"可靠无欺的"和"欺幻的"两大组,对这些他也无所犹豫;他进一步毫无怨言地接受了这两组中的成员不是"质上可区分"的断言。至于我们日常的、未经修订的、前哲学的言说方式有什么长处,他采取的是有点儿模棱两可的立场;在 15—16 页他好像在说,我们平常肯定(说得轻一点儿)都做出一些假定,而一旦做出这些假定,我们事实上**的确**陷入了矛盾之中,但在 31 页,他看上去撤回了这个主

---

① 艾耶尔,《经验知识的基础》,第 11—19 页。

张——他在那里认可,我们平常实际说话时把一些"感知"认作"可靠无欺的"而把另一些认作并非如此,这里并无矛盾。但不管怎样,他反正最终相信"某种技术性术语"是"可欲的"。

错觉论证所据的理由,艾耶尔接受了这么多,那他要对之有所保留的究竟是什么呢?他的主要观点是——到现在无疑已经很清楚了——错觉论证提出的问题并**不是事实上的而是语言上的**。实际上他表示,如果把它认作是关涉事实的,那他甚至怀疑这个论证是否当真有效;反正他怀疑我们是否能认为它表明了我们实际上感知的**都是**感觉与料,因为他不清楚(这很对)"对于不同类型的对象的感知"为什么**不可以**"在质上不可区分",或"能够被排列成一个连续序列"。① 但他又进一步问道:"甚至,错觉论证证明了哪怕在任何一个事例中这一看法(即我们直接感知的对象是物质事物)是错的吗?"

还需要有什么论证来证明这种看法是错的,这个想法听起来当然很古怪;因为谁实际上竟可能真会认为他感知的**都是**"物质事物"? 不过,这条裂缝我倒相信可以糊上。我认为艾耶尔在这里只不过掉进了他自己的一套术语所设的陷阱里罢了,因为他想当然地认为若不是"感知感觉与料",剩下的唯一选择就是"感知物质事物";所以,我们也许可以猜想他的意图更合情理:他是在寻问我们是否**从来只**感知感觉与料,而非那么荒唐,似乎在认真对待我们感知的**都是**物质事物这种想法。"我们从来不感知感觉与料"与"我们总是感知物质事物"事实上并不是等同的或可互换的;艾耶尔

---

① 这里我仍然省略了关于"因果依赖"的论证。

却明显把它们**视为**可以互换的，所以，我们有把握认为他现在问的问题是：错觉论证是否真的证明了至少在某些情况下我们感知的是感觉与料？

要弄清他在这一点上更进一步的论证可不大容易，但它好像是这样进行的。(1)我们不得不承认——至少他看来认可这一点——我们有时感知"并非作为物质事物的一部分的那类感觉与料"，当，但且**仅当**，我们准备承认"某些感知项是欺幻的"。（所有这些当然并不成立，但我们可暂且略过不表。）但是(2)我们**必须**承认一些感知是欺幻的吗？他论证道我们必须承认，因为否则的话"我们将不得不同时把绿和黄或椭圆和圆这样互不相容的性质归于物质事物"。然而(3)他说，仅当我们做出了"某些假定"，上述做法才产生矛盾——例如，假定一便士的"真正形状"是始终如一的，即便我改变了看它的角度，一碗水的温度"真正说来是一样的"，不管我用暖和的手摸还是用冰凉的手摸，或在某一特定地点"绿洲并不真正存在"，如果除了一个头脑发昏的沙漠旅行者，谁都不认为看到它在那里。艾耶尔好像承认这些"假定"看上去是可行的；但他说，尽管如此，我们为什么不可以试着否认它们呢？我们为什么不可以说物质事物比我们一直以来所认定的要活跃易变得多——每时每刻不停地改变形状、颜色、温度、尺码以及所有别的性质？我们又为什么不可以说它们比通常所以为的要多得多——例如，当我递给你（如我们通常所说的）**一支**烟，真正说来却有两个物质事物（两支烟？），一支是我看见并递出的，**还有**一支是你看见并接过去的？"我不怀疑，"艾耶尔说，"只要规定物质事物的数量比我们通常所规定的更多，把它们视作更易变、更转瞬即逝，我们就可能以相似的方式处理所有其他的事例。"

艾耶尔在这里似乎是对的——的确,说"对"还说得轻了。如果我们**大大咧咧**到了这种程度,我们确实能对付,是的,能对付任何问题——当然,只是**在某种意义上**能。但沿着这条路子解决问题难道没有什么地方不对头吗?我这里得引用艾耶尔的原话:"我们怎样来反驳那些持这种立场的人呢?如果我们坚持认为这件事所关涉的是事实,那么我们就不可能驳倒他。我们无法驳倒他,这是因为,如果只就事实说,他和我们之间其实没有任何争论。……我们说一枚硬币的真实形状是不改变的,而他却更愿意说硬币的形状经历了某种循环变化过程。我们说两个观察者看到了同一个物质事物,而他却更愿意说他们看到了不同的事物,然而它们却具有某些共同的结构特性。……在这类事情上如果竟说得上有正确与错误之分,那么必定是在经验事实的性质上存在某种分歧。而在这个事例中,并不存在这种分歧。"因此,错觉论证声称它为之提供了答案的那个问题纯粹是一个**语言问题**,而不是一个事实问题:它与事情究竟是什么并无关涉,而与我们如何谈论事情有关。这就是艾耶尔对错觉论证加以"评估"的结论。

我对这些颇令人吃惊的论断要做的主要评论集中于艾耶尔看来所主张的如下观点:"真的"、"真实地"、"真实形状"、"真实颜色"等词,你可以**随你乐意**用它们来意谓任何意思;此外我也会讨论艾耶尔关于这些词实际意谓什么所发表的意见。但是我愿首先指出一个极有意思的事实:他要"证明"的是整个争点纯粹是语词方面的,但他提供"证明"的方式实际上却表明他完全不把它当真视为语词问题(这一点我肯定倒是对的)——他的真实观点是:**实际上**

我们所感知的只是感觉与料。这一点很容易看到。人们初看之下会倾向于说,假使艾耶尔是正确的,那么无论什么争论都将是纯粹的语词问题。因为这样一来,无论一个人说那是什么,另一个人总是可以就说他"更喜欢说"它是别的什么,如果是这样,他们就**永远**只在争论语词,争论各自更喜欢用什么语汇。如果谁都总是可以随其所好说这说那,怎么还会有**任何**正确与错误的问题?但是艾耶尔在这里当然会回答说,**的确存在**"关于经验事实的性质"的真正分歧——至少有些时候存在。但这会是哪一种类的分歧呢?他说(尽管这说法看来会令人吃惊),事实问题不在于一枚硬币或其他任何"物质事物"是否不断改变其形状、颜色、大小、位置,——我们在这里的确可以高兴怎么说就怎么说。那么哪里会碰到"经验事实"呢?艾耶尔的回答很清楚——它们是**关于感觉与料的事实**,他的另外一些说法是,"关于可感外观的性质",关于"现象";这是我们真正碰到"经验证据"的地方。他的看法是,他的**真正看法**是,此外我们根本没有别的"经验事实"。**唯一**铁定的事实是存在着感觉与料;感觉与料这类存在物真正存在,并且它们就是它们本身;如果我们愿意,也**不妨说仿佛有**随便什么其他实体存在,不过那纯粹是说着方便而已,然而"那些表达式意在指称的事实"总是同一些事实,即关于感觉与料的事实。

于是很清楚了,而且也许并不特别奇怪,艾耶尔的"语言"论貌似精微,实则正正当当坐落在贝克莱以及康德的"感觉杂多"的旧存在论之上。他像是在超然地进行"评估",但他好像一直都完完全全信服于这个论证。几乎不会有疑问,这在很大程度上可归因于艾耶尔全盘接受了对错觉论证的传统的、因源远流长而变得神圣的、却又是灾难性的阐释。①

　　有一点怪有意思——从某些方面看也怪悲哀的，在这一点上，普莱斯与艾耶尔的相对关系结果完全相同于洛克与贝克莱的关系，或休谟与康德的关系。在洛克看来既有"观念"存在也有"外部对象"存在，在休谟那里则有"印象"与"外部对象"，在普莱斯那里则有"感觉与料"与"物理空间的占有者"；与之相对，在贝克莱看来**只有**"观念"存在，在康德那里**只有**"表象"（物自体在这里严格说来并不相关），在艾耶尔那里则**只有**感觉与料——但贝克莱、康德和艾耶尔都进一步认为我们能**这样言说**，**就仿佛**有物体、对象以及物质事物存在似的。的确，贝克莱和康德并没有艾耶尔那么自由派——他们并不认为，只要我们与感觉杂多保持一致，我们就完全可以高兴怎么说就怎么说；在这个问题上，如果非要我站在哪一边，我想我应该站在贝克莱和康德这一边。

---

　　① 或者，会有疑问？我们也可能采取在某种意义上仁慈些的看法，认为他对错觉论证的草率处理是因为他依据**其他的理由**已经相信了错觉论证旨在证明的结论。我猜测这种看法很有些道理；我们回头再谈这一点。

七

在我们刚才考察的那些论证中,"真的"、"真正说来"、"真正的形状"等词语频繁而又不加审查地被使用着。很大程度上受此激发,现在,我想更切近地考查一下"真正的"这个小词。我打算讨论一下——如果你愿意这么说——真正或实在的本性——这是个天然重要的论题,虽然一般而言我不太愿意说什么论题"天然重要"。

首先,有两点理解在这里非常非常重要。

1. "真正"是一个绝对**普通的**语词,它身上没有什么新异的东西,没有什么技术性的或高度专业化的东西。也就是说,它在我们每天都使用的日常语言中已经牢牢确立,非常频繁地被使用。因此,**在这个意义上**,它是一个有着固定含义的词,从而,就像任何其他牢牢确立的词语一样,不能随意这样用那样用。哲学家似乎经常认为他们可以给任何词语"赋予"任何含义。不消说,在一个十分琐碎的意义上,他们(像圆蛋先生那样)可以。当然,有一些表达式只有哲学家才使用(比如"物质事物"),在这些情况下,他们可以在合理的范围内随心所欲;但绝大部分的词语事实上已经以特定的方式被使用,而这一事实不能被弃之不闻不问。(例如,人们把某些奇怪的含义赋予"知道"和"确定的",结果,像我们平常实际使用这些词语那样使用这些词语反倒显得大悖情理;然而,这只不过表明了这些由哲学家所赋予的含义是**错误的**。)当然,我们揭示了一个语词实际上是怎么用的,不一定就大功告成。一般而言,我们的确没有理由认为事情本来是怎样就得一任它怎样;我们可能愿把事情打理得更整齐些,在这里那里修正一下地图,用不尽相同的方式来划分边界和区别。然而,仍不妨把以下几点牢记于心:(a)在大量的、多半是相对古老的日常语词中积淀着种种区别,它们并不总是明显可见的,而又几乎从不只是任意的;(b)在任何情况下,凡打算为自己的目的放手去动日常语词之前,我们都需要弄清楚我们所处理的究竟是什么;(c)我们以为自己动的是某一个领域的一个小小的角落,然而,这种改动总是**有可能**对毗邻的区域造成无法预见的连锁反应。事实上,改动语词并不像我们通常设想的那么容易,不像我们通常设想的那么有理可据、那么必需;它经常被认为是必要的,只不过是因为我们错误地表述了已经摆在那里的东西。我们必须时刻特别警惕那种哲学习气,把某个语词的一些(甚至所有的)日常用法视作"无足轻重"而予忽略,这种习气在实际运作中不可避免地会造成扭曲。例如,如果我们打算谈论"真正的",我们就绝不可以不屑一顾"不是真正的奶油"这类不起眼但又熟悉的表达式。这才能让我们不至于去说,或好像在说,例如,那既然不是真正的奶油就一定是我们大脑过程的来去不定的产物。

2. 另一个需要把握的非常重要之点是:"真正的"完全**不是**一个普通的语词,而是一个大大的例外。它的例外之点在于:它不像"黄色"、"马"或是"走",它没有一个单一的、特定的、始终相同的**含义**。(甚至亚里士多德也看清了这一点。)但它**也不是**有好多不同的含义——它不是**歧义模棱**的,即使说"系统地具有歧义"也不行。这种类型的语词是导致大量困惑的原因。考虑一下"板球"、"板球拍"、"板球场地"、"板球天气"这些表达式。假使一个人不知道板球游戏是什么,又只是钉牢"黄色"这类"普通"语词的用法,他也许就会盯着那个球、那个球拍、那个建筑和那种天气苦思,试图去发现某种"共同性质",那个前缀词"板"(在他看来)赋予这些事物的那种"共同性质"。然而没有这样一种性质映入眼帘。由此他也许得出这样的结论:"板"必然指称一种**非自然**的性质,一种不能以任何日常的方式而只能通过**直觉**发现的性质。如果你觉得这个故事太过荒唐,回想一下哲学家是怎样谈论"善好"这个语词的;请回想一下,很多哲学家未能发现"真正的鸭子"、"真正的奶油"、"真正的进步"有任何平常的共同性质,他们就判定**真正或实在**必定是一个先天概念,唯有理性才能领会。

那我们现在来浏览一下"真正"一词的复杂用法中的一部分。65我们的工作是准备性的,无疑会有点儿东一下西一下。我们不妨先来考虑一下"真正的颜色"这个例子;初一看,人们会认为这个例子简单明了。一样东西的"真正的"颜色意指什么呢?人们也许会颇带几分自信地说,那很简单啊,一样东西的**真正**颜色就是在正常的或标准的光线下一个正常观察者所看到的颜色。因此,要发现一个事物的真正颜色,我们只需是正常人,在正常条件下观察。

现在请设想(a)我跟你说到一个人,"那不是她头发的真正颜色"。难道我这话的意思是说,假使你在标准光线下看她的头发,你就会发现她的头发看上去不是现在这个颜色?明摆着不是——光线本来就可能是标准光线。我的意思当然是她的头发**染过了**,

光线是否正常根本不相干。或者设想一下,你在看商店里的一个羊毛线团,我说"那不是它的真正颜色"。这时,我的意思**可能**是它在普通日照下看上去不是这个颜色,但**也可能是**羊毛在没有染色之前不是这个颜色。像其他很多情况一样,这时你不能单从我使用的语词确定我的意思;例如,我们所谈论的这样东西通常是染色的还是不染色的就会让意思不一样。

再设想(b)有一种鱼,生活在一千英尺深的水下,五色斑斓,也许还闪着微光。我问你什么是它的真正颜色,于是你抓了一条上来,摊在甲板上,保证光线条件是足够正常,这时它看上去是污污的灰白色。那么**这**是它的真正颜色?显然,无论如何我们不是必须说哪一种是。事实上,在这样的事例中有任何正确的答案吗?

比较:"什么是糖精的真正味道?"我们把一片糖精溶在一杯茶里,发现它让茶喝起来是甜的;我们直接嚼这片糖精,发现它尝起来是苦的。它**真正**是苦的?**真正**是甜的?

(c) 什么是天空的真正颜色?太阳或月亮的真正颜色?变色龙的真正颜色?我们说夕阳有时候看上去是红的——哦,但**真正说来**它的颜色是什么?(对太阳来说,"标准的光照条件"是什么?)

(d) 想想一幅点彩派绘画,例如画的是草地;总的效果是绿色的,而画面主要由蓝点和黄点组成。什么是这幅画的真正颜色?

(e) 什么是一个后像的真正颜色?这一例的麻烦在于我们想不出"真正颜色"之外还能有什么选择?外观的颜色、看上去的颜色、显现出来的颜色?——但这些话在这儿都用不上。(你要是怀疑我说颜色的时候在骗你,你可以问我:"它真的是什么颜色?"但只怕"它真的是什么颜色?"和"什么是它真正的颜色?"不完全一样吧。)

现在再来想想"真正的形状"。你可能记得,我们曾考虑一个硬币,据说从某些视点看它"看上去是椭圆的",那时"真正的形状"这个观念曾冒了出来,好像无可疑问似的;我们那时很肯定,它有个真正的形状,始终不变的形状。但实际上硬币是个蛮特殊的事例。其一,它轮廓清晰且极其固定,其二,它的形状**人所周知**而且**有个名称**。但很多很多事例的情况不是这样。什么是云的真正形状?你可以抗议说云不是"物质事物"——我敢说你的确可以这样抗议——所以它不是那类必定有真正形状的东西,那来想想这种情况:什么是一只猫的真正形状?它只要一活动它的真正形状就发生改变?若不是那样,那它的哪种姿势展示了它的真正形状?还有,它的真正形状一定要有相当平滑的轮廓吗?抑或必须精密到要把一根根毛髭的形状都考虑进来?相当明显,这些问题没有答案——没有什么规则和程序可以依之确定该怎么回答。当然,有很多形状肯定不是猫的形状——例如,圆柱体。但若非绝望,没谁会尝试考虑通过"排除法"来确定猫的真正形状。

可以拿这个事例跟我们**的确**知道该怎样着手的事例对照:"这些是真钻石吗?""那是只真鸭子吗?"多多少少跟钻石近似的饰品之所以可以不是真钻石,因为它们是陶土的或玻璃的;那之所以可以不是真鸭,因为它是只饵鸭,或玩具鸭,或看起来很像鸭子的某一属的鹅,或因为我出现了幻觉。这些当然都是很不一样的事例。请特别留意(a)上述大多数情况与"正常观察者在标准条件下做出观察"全不相干;(b)不是真鸭子的那东西并非一只**非存在的**鸭子,其实,不是任何非存在的东西;(c)存在的东西,例如一个玩具,完全可能不是真正的，例如，不是一只真鸭子。①

我们到这里所说的也许已经足以确定，比起草草看上一眼所看到的，"真正"一词的用法要多些；在形形色色的上下文里它有形形色色的用法。那我们接下来必须试着把这些用法稍加梳理；我现在提出四个标题，它们也许可以称作"真正"一词用法的核心特点——不过这些特点并非在它所有的用法中**都**同样彰明。

1. 首先，我们也许可以把"真正"一词称作**渴望实词**的。考虑一下：

"这些钻石是真正的"；
"这些是真正的钻石"。

从某种明显的语法角度看，这双句子看上去和下面这一双相像：

"这些钻石是粉色的"；
"这些是粉色的钻石"。

然而，尽管我们可以只说"这是粉色的"之类，却不能只说"这是真

---

① "存在"本身当然极其狡猾。这词是个动词，但它并不像呼吸那样是描述事物一直在做着的某件事情，只是做得比较悄然——仿佛是以某种形而上学之类的方式滴答滴答。所以我们很容易去琢磨到底存在**是**什么。在这个论题域，希腊人的运气比我们糟——因为我们有"是"、"存在"、"真实"这些不同表达式，而它们在希腊语里被捏成唯一一个词 einai。可以承认这是个头绪纷乱的话题，但我们没有希腊人那么多的借口纷纷乱乱。

正的"。理由不很难看出。我们完全可以说某种东西是粉色的同时却并不知道所说的那种东西**是什么**。但说到"真正的"就不是这样。因为同一个东西可以是真正的 x 却不是真正的 y；一个看上去很像鸭子的东西可能是一只真正的饵鸭（不只是个玩具）却不是一只真正的鸭子。即使那不是一只真正的鸭子而是一种幻觉，那仍可以是真正的幻觉——例如，与某种一闪而过的生动想象对照而言。亦即，如果"是不是真正的"这个问题要有个确定的意义，要有个立足点，我们就必须对"一个真正的**什么**?"这个问题有个答案。而且，我们在这里也许还应该提到另一点——"是不是真正的"这个问题并非总会出现，并非总能提出来。粗说，唯当我们生出疑窦——事情就某种方式而论也许不像它们似乎所是的那样，我们**才**提出这个问题；唯当事情**能**以这种方式或那种方式或某种方式也许不像它们似乎所是的那样，我们才**提得出**这个问题。除了是个"真正的"后像，它还可能是什么别的呢？

"真正的"当然不是我们唯有的渴望实词的词。另一些也许更知名的是"同一个"和"一个"。同一个球队也许不是同一些**队员的集合**；一批队伍也许既是一个**连**，也是三个**排**。再说"好"又是怎样？我们在这里有好几个缺口在焦急地等待实词——"一个好的**什么?**"，"**用来做什么好?**"——也许就装帧而言是本好书，但不是本好小说；用来修剪玫瑰花好，但不是用来修理汽车好。①

2. 其次，我们也许可以把"真正的"称为**当家词**。人们通常认

---

① 在希腊语里值得注意 sophos（才智聪慧）这个词；亚里士多德好像要在或可称作"绝对的"意义上使用 sophia 而没有把施展和表现 sophia 的各种领域加以区分，因此遭遇不少困难。

为——我敢说这种看法通常是正确的：可被称为一个词的肯定用法的是其基础的用法——要理解"x"，我们就需要知道什么是 x，或者什么是某个 x，而这也告诉了我们什么不是 x 或者不是某个 x。但是对于"真正的"（如我们早先简要提到的），倒是**否定的**用法当家。这是说，某种东西以某种特定的方式可能**不真**，可能曾不真，只有着眼于这种特定的不真，说它是真的，说它是真的什么什么，这类断言才能具有确定的意思。"一只真正的鸭子"与单是"一只鸭子"这样的表述的不同只在于，我们用前者来排除各种不是一只真鸭子的情况——例如一只仿造鸭、一只玩具鸭、一只画上的鸭子、一只饵鸭等。此外，在那种情况下，除非我知道说话人心里要排除的是什么，不然我就不知道如何去理解那不是一只真鸭子这话。这就是为什么我们若试图去寻找一切真正的或可能是真正的事物的共同点，我们的企图总是注定要失败的。"真正的"一词的作用并不在于对任何事物的特征给予正面的刻画，而在于排除某些可能非真的方式。某一特定种类的事物有众多可能非真的方式，同时，不同种类的事物其可能非真的方式又颇不相同。正是这种一般功能上的一致性与特定应用中的五花八门合在一起，使得"真正的"一词初看上去让人困惑不解，似乎它既不具有一个单一的"含义"，也并非具有多种不同的含义并因此含混不清。

3. 第三，"真正的"（像"好"一样）是个**大方向词**。我的意思是它在满足同种功能的整个同类语词族里是最一般的、最包罗万象的。同族语词中，肯定方面的有例如"正规的"、"纯正的"、"生动的"、"真实的"、"本真的"、"天然的"；否定方面有"人造的"、"假造的"、"虚假的"、"冒充的"、"应付的"、"哑的"、"化学合成的"、"玩具的"——"梦"、"错觉"、"海市蜃楼"、"幻觉"等名词也属于这一列。① 这里值得注意,很自然,在肯定方面一般程度**较低的**那些词有一个优点,它们在很多时候或多或少确定地提示出被排除的是什么东西;它们倾向于成双成对,亦即,跟否定方面的某些特定语词结成对子,从而可说缩小了可能性的范围。我若说我希望这所大学有一个正规的剧院,这意味着它眼下的剧院是**临时应付的**;画的真品对**赝品**,天然丝对**人造**丝,实弹对教练**哑**弹,诸如此类。当然,所说的是什么,我们实际上经常会从上下文的实词得到某种线索,因为所说的东西在哪个方面有可能(以及没有可能)是"不真实的",我们常常先就有某种蛮有根据的想法。例如,如果你问我"这是真(正的)丝吗?"我将倾向于"跟人造的相对"来作补充,因为我已经知道丝这种东西可以有人工产品仿造得很像它。我不会产生它是**玩具**丝之类的想法。②

这里有很多问题出现——我不打算深入讨论——这些问题既涉及"真实"类语词和"不真实"类语词的语词家族的构成,又涉及其中各个语词之间应当划分出来的区别。例如,由于什么缘故,那是一把**正规的**餐刀是那是一把真正的餐刀的一种方式,然而,那是**纯**奶油却好像并不是那是真正的奶油的一种方式?或换句话说:

---

① 当然,并非所有这些词的所有用法都是我们在这里所考察的这个种类——不过聪明的办法是也不要反过来假定它们的任何一种用法是**完全**不同的、**完全**没联系的。

② 为什么不是?因为丝不可能是"玩具"。是的,但为什么不可能是?也许因为玩具这种东西,严格说来,是件小玩艺,专门做成或设计成可以在游戏里玩弄的?玩具啤酒瓶里的水不是玩具水,而是**假充的**啤酒。玩具手表是否可以实际上装有一套机械并且正确地显示时间?也许那就该是个**袖珍**手表?

真奶油和合成奶油之间的区别怎么一来就不同于纯奶油和稀释奶油之间的区别？是不是因为说到底稀释奶油仍然是**奶油**？为什么"假牙"叫作"假"的而不叫作"人造的"之类？为什么"人造肢"这么叫，而不叫"假肢"？是不是因为假牙不仅做的事情差不多像真牙一样多，而且看上去，有意被制作得看上去很像真牙，**几可乱真**？而人造肢也许意在完成同样的功能，但既没有打算也不大可能**以假乱真**被当作真肢体？

另一个哲学上出了名的大方向词是"好"。前面另一个上下文中我们已经提到它，说它跟"真正的"颇可就近比较。有很多词和"好"共享一般的表达推许的功能，不过它们各个有最适合于自己的特殊上下文，而在其中各有自己的意味；在这个由多种多样特殊语词组成的庞大家族中，"好"是最一般的一个。而"真正的"本身，在某些用法中，也可以属于这个家族，这一点颇为奇特；有一段时间，唯心主义哲学家曾对这一点大加利用。"嘿，这是把**真正的**餐刀！"可以是说这是把好餐刀的一种方式。① 再例如，说到一首差劲的诗，有时会说它根本不是真正的诗；就仿佛即使要获取算作某事物的**资格**也必须达到某些特定的标准。

4. 最后，"真正的"还属于一个庞大且重要的语词家族，我们可以称这些词作**调节词**。借助这些语词的使用，其他一些语词可以得到调整，从而满足世界对语言提出的难以计数而又无法预见的种种需求。这里有个一般的想法，极为简化地说，是我们的语言

---

① 至少在口语中，也可发现反转的用法："我把他好揍了一通"—"真正揍了一通"—"正正经经揍了一通"。

在某一给定时期所包含的语词让我们在大多数（我们认为）可能发生的情形下能够（多多少少）说出我们想说的。但词汇是有限的；而我们会遇到的各种可能情形多种多样，既不是有限的，也不是可以准确预见的。所以，实际上总有时会出现我们的词汇不足以整齐明确地加以应对的情形。比如说，我们有"猪"这个词儿，我们也挺清楚，在那些我们司空见惯的动物之中哪些该叫"猪"哪些不该。然而一天我们碰见一种新的动物，外观和举动都很像猪，但又和猪不**完全**一样；反正是有些差别。不知该怎么说，好，我们可以干脆保持沉默；我们不想肯定说这**是**头猪，也不想肯定说它**不是**。我们也可以，要是我们预期会经常说到这些新的生物，为它们发明一个新词儿。但我们还能够做的，也很可能最先会做的，是说"它**像**头猪"。（"像"是**头等**重要的调节词，换种说法，是主要的弹性装置，有了它，尽管我们的词汇有限，我们也总能避免陷于完全无言以对的境地。）在说了它**像**头猪之后，我们可以接着加上一句，"但它不是一头**真正的**猪"——或者更特别些，用自然主义者偏爱的词儿来说，"……不是一只**真的**猪"。如果我们把语词比作射向世界的箭矢，这些调节词的功用就是使我们不必因为无法直射靶子而变得完全无能为力；"猪"这一类词，这么说吧，通常沿一条单一的直线瞄向靶子，而我们在适当的时候用上调节词，"猪"这类词就能同稍稍偏离这条直线的一些靶子联系起来了。除了弹性，我们还通过这个办法获得了精密性；因为，我能够说"不是一头真正的猪，而是像头猪"，这样我就无需去触动"猪"这个词的词义。

但是，有人也许会问，我们**非得**拿"**像**"这个词来做到这一点么？毕竟，我们还有别的弹性装置。比如，我可以说这一动物新物种是"猪似的";也许我可以把它们称作"类猪",或(仿照某些特殊葡萄酒销售商的口吻)把它们描述为"猪型"生物。这些装置无疑各有千秋,却不能视作"像"的替代,理由在于:它们只为我们配备了和"猪"这个词同一层次的、以同一方式运作的新表达式;因此,它们或许可以帮助我们摆脱眼前的困难,但它们本身又随时会使我们陷入完全**相同类型**的困难。我们眼前这种酒,不是真正的波特酒,但还算相当接近波特,我们称它作"波特型"。然而有人又生产出一种新型的酒,不完全是波特,但同我们现在称作"波特型"的酒也不大一样。那我们该怎么说?波特型-型?必须这么说会很啰嗦乏味,而且显然没个止境。其实我们可以说它是**像**波特型的酒(就此而言也挺像波特酒);这么说的时候我们并没强加给自己一个**新词**,况且,如果葡萄酒商忽然又给我们带来了惊喜,能不能再用这个新词本身就会成为问题。"像"这个词为我们配备了**以一般方式**来应对意外情形的装备,针对特殊情形发明出来的新词则不是也不能以这种方式来应对的。

(我们为什么像需要"像"那样也需要"真正的"这样的调节词呢?我们有时要说"它像头猪",有时要说"它不是头真正的猪",究竟原因何在?要恰当地回答这些问题,我们会需要走长长一段路,最后真正弄清"真正的"这个词的用法,这个词的"含义"。)①

现在,这一点应该相当清楚了:没有**一般地**辨别真正与不真正的标准可予制定。如何辨别必定取决于特定事例中的"真正"问题

---

① 顺便说到,说"真正的"是一个**规范词**并止步于此,将一无所获,因为"规范的"这个词本身太过宽泛和模糊。要问的恰是"真正的"怎么一来、以何种方式就是"规范的"了。可以想见,不是以跟"好的"完全相同的方式。要紧的正是它们之间的区别。

是着眼于**哪个方面**产生出来的。而且,即便是特定种类的事物,也可能有许多不同的方式辨别其真正与否("不是一头真正的猪",其"不是"的方式并非只有**一种**)——这取决于大自然和我们人类自身所造出的意外情况以及两难境地有多少,它们又有多少变形,取决于迄今为止我们所曾面对的意外情况和两难境地。不消说,如果**从来没有**任何两难境地或意外情况,就根本不会生出这个问题;假如我们根本不曾有时需要去辨别某种东西,它在某些方面像头猪但不是一头**真正的**猪,那么"真正的猪"这个短语就没有用武之地——就像短语"真正的后像"也许没有用处一样。

再则,我们在某一时期采用的标准不能被当作**终极的**、不可能改变的。假设一天有一个我们现在称作猫的那种生物开口说话了。好了,我想我们开始时会说:"这猫能说话。"但接下来,另一些猫,但不是所有的猫,也开口说话了;那我们就不得不说有些猫说话,我们要分出说话的猫和不说话的猫。但若说话成为普遍的现象,而说话与不说话的区别在我们看来当真很重要,那么我们就可能认定**真正的**猫是能说话的那些猫。这时我们会有"不是只真正的猫"的新情况,它是一只除了不说话之外都像猫的生物。

当然——这看上去或许根本不值一提,但在哲学中似乎确有必要提出来——只有当有办法辨别什么是"真正的 x"什么不是的时候,我们才在"真正的 x"和"非真正的 x"之间做出区分。我们实际上无法做出的区别——说得客气些——不值得去区别。

八

现在回到艾耶尔。前面说到,艾耶尔看来认为,"真正"是一个谁喜欢怎么用就可以怎么用的词——比如,尽管一些人说,不管站在哪个角度看,一幢楼的真正形状是保持不变的,但我们仍然满可以"偏好于说"它的真正形状在不断变化。我们已经对这种看法提出过抗议;现在我打算考察他的书的最后部分,在这个被定名为"外观与实在"的部分中,①他将致力于阐明我们通常所理解的两者的差异。我想,他大概把这视作对我们的"偏好"的一种描述吧。

艾耶尔一开始先区分了两种"感知":"性质上欺幻的"和"存在上欺幻的"。他告诉我们说,我们发现,在第一种情况中,"感觉与料赋予物质事物一些它们并不真正具有的性质";在第二种情况中,"感觉与料似乎呈现的物质事物根本不存在"。但这个区分,最低限度说,颇不清楚。"存在上欺幻的"这个表达式自然而然会让我们想到某人实际上**产生了幻觉**——比如,有人以为自己在沙漠里看到了绿洲,但那个绿洲"根本不存在";这显然就是艾耶尔想到的那类事例。另一方面,"性质上欺幻的"这个短语所指的显然是这样一些事例:我们面前确有某个对象,这毫无疑问,但它的某种

---

① 艾耶尔,《经验知识的基础》,第263—274页。

"性质"令人生疑——比如,它看上去是蓝色的,但它**真的**是蓝的吗?这里,艾耶尔似乎暗示这两类情况穷尽了所有情形。穷尽了么?设想我看到了一只饵鸭,把它当作了一只真鸭子;用艾耶尔的两分法,我的"感知"该说成是哪一类"欺幻"呢?干脆就是不清不楚。它也许可以被认为是"性质上"的欺幻,就是赋予物质事物"一些它并不真正具有的性质";比如,我误以为我看到的对象会呱呱叫。但它也许又可以被说成是"存在上"的欺幻,因为它似乎呈现的物质事物并不存在——我以为眼前有只真的鸭子,但实际上没有。所以,艾耶尔最初的区分就给了我们虚假的二择一:它暗示我们只有两种情况可选,一种情况中,唯一的问题是我们感知的东西是否真的具有它好像具有的"性质";另一种情况中,唯一的问题是我们好像感知到的东西是否真的存在。但说到饵鸭,这个区分就马上坍塌了;而这样的事例还多得很。看上去,艾耶尔在尝试做出这组最初的区分时,仿佛冻结在那种真正的"幻觉"上,即我以为我看到了某物但实际上**并无一物**;他同时却完全忽略了远更为常见的情况,即我以为我看到了某物但实际上那是另一物。结果,他的讨论完全忽略了我们在"外观与实在"之间做出区别的很大一部分甚至可能是最大的一部分事例。他讨论了(只是草草地讨论了)某物被认为或可能被认为存在但并不真正存在的事例;他花很多笔墨讨论了某物被认为或可能被认为具有某种性质而它并不真正具有这种性质;但是,他压根儿没提那些数不胜数种类繁多的情况,即某物被当作或可能被当作它实际上不是的东西——比如,玻璃仿钻可能被当成真正的钻石。"性质上的"欺幻和"存在上的"欺幻这个两分无法恰如其分地应用于这些情况,而这也就是这个分法的错误所在。本来要划分一个论域,却留下很多东西没有归属。①

然而,艾耶尔的主要工作是"就'真正的'这个词如何应用于物质事物的性质而为这个词的用法提供说明"。他说,"欺幻的"和"真实的"两者之间的区别"并不取决于感觉与料的内在性质的差异",因为,一个椭圆的感觉与料归根到底既可以表征实际上是椭圆的东西也可以表征实际上是圆的东西;所以,这个区分"必定取决于它们的关系的差异",也就是取决于它们与其他感觉与料的关系的差异。

艾耶尔说,人们也许会把这样一种感觉与料当作"相关物质事物真正性质的承担者",这种感觉与料是在"通常认作的优选条件下"出现的感觉与料。然而,他基于以下两点反对这个说法:第一,"对于各种物质事物,这些优选条件不尽相同";②第二,为什么某种条件能被选为"优选的",这肯定需要说明。于是艾耶尔给出了一个详尽的说明。他说,我们发现,所谓"享有特权的感觉与料",即那些表征着物质事物"真正性质"的感觉与料,"作为预言的资源,它们是价值最大的感觉与料,就此而言,它们是其所属的感觉与料群中最可靠的成员。"他后来又补充了两个重要特征,他称之为"可感恒定性"和可测量性;但在这里,他认为,真正说来,决定什么东西属于实在的仍然是**预言价值**。比如,如果我离一个对象**非常近**或**非常远**,我就处在一个非常不利的位置来预言从其他位置

---

① 还可以补充一点。艾耶尔把他的讨论限定于"物质事物",于是有大量的东西——丝绸、玻璃、金子、奶油之类的**物料**——被武断地排除在外,除非他能——我对此表示怀疑——把这类**物料**也归为**物体**。难道我不能这样提问吗:"这真是彩虹么?"

② 有意思的是,艾耶尔也会觉得这是个**反驳**。

来看"它看上去会是什么样的",而我若从一个不那么远不那么近的距离看它,我也许就可以很好地预言从更近或更远地方来看"它看上去会是什么样的"。(不大清楚这里谈的是对象的哪方面的性质,但似乎意指的是形状。)艾耶尔继续论证说,所以,我们说"真正的形状"是在不远不近的位置上事物看上去的那个形状。再一例,我透过深色眼镜来看一个对象,我会很难确定我摘下眼镜后它看上去会是什么颜色;因此我们说,透过深色眼镜,它看上去并不是它"真正的颜色"。

然而,即使只说艾耶尔选出来加以讨论的关于"真正的"一词用法的非常有限的例子,他所做的解说也不是**普遍有效的**。(重要之点在于,事实上并**不存在**普遍有效的解说,艾耶尔是在追逐鬼火以求找到这样的解说。)我们来考虑一些关于"真正"颜色的问题。艾耶尔只从一个例子加以概括,而不曾考虑到这里有各种各样的事例。其中一些我们已经提到过了。例如,"那不是她头发的真正颜色"。为什么不是呢?因为她头发现在看上去的颜色不是作出预言的可靠基础?还是因为她头发现在看上去的颜色不是"足够醒目地区别于"我感觉域中的其他成分?都不是。那不是她头发的真正颜色,因为她**染了发**。或者设想我在一种适当调制的绿色液体里培育一种小花,它通常是白色的,但现在它的花瓣是淡淡的绿色;我说,"当然了,这不是它的真正颜色。"我为什么会这样说?这些小花在各种不同条件下看上去如何,我完全可以做出标准的预言。但是,我说淡绿色不是它的真正颜色的理由与此毫无关系。那只是说这花**自然的**颜色是白的。而且,有一些没有受到人为干扰的事例,它们也同样和艾耶尔的学说直接冲突。我凑得很近看

83 一块布，我看到了黑白交错的图案，我能预言，从其他位置看它看上去会是灰色的；我从几码远的地方看，它看上去是灰色的，我却**不能**预言说靠近了看它看上去会是黑色和白色的；但我们还是会说它的颜色是灰色的。那么，味觉呢？有个不习惯喝葡萄酒的人说我给他的酒是酸的，我也许会抗议说，"它其实不是酸的"——意思并非，根据它是酸的这一看法将做出很差劲的预言，而是说，如果他以开放的心态再来品尝一点儿，他会知道这并非**真像**酸的东西的那种味道——他的第一反应也许可以理解，但并不恰当。

然而，就像我上面说的，艾耶尔关于"真正的"一词用法的解说从根本上错在他试图给予**唯一一种**解说——或许是两种，如果算上他对"存在上"的欺幻的潦草议论的话。实际上，甚至是关于"真正的颜色"，他所说的也并不完全正确；而它肯定全然无助于我们讨论真正的珍珠、真正的鸭子、真正的奶油、真正的手表、真正的小说等等——"真正的"所有这些用法，艾耶尔完全忽略不谈。为什么寻找任何关于"真正的"这个词用法的唯一的、普遍的解说是一个错误，我希望我已经说得足够清楚了，现在无需重复。然而我还是要强调，在着手说明一个词的用法的时候，只考察它实际用在其中的极少一部分上下文而不认真考察其他的上下文，这总是一种致命的错误。艾耶尔一开始就倾向于认为整个论域可被整齐划一而无遗漏地分割成两半；在眼下这个论题上，就像在其他论题上一样，艾耶尔的致命努力看来正是受到这种倾向的鼓舞。

九

大家也许会记得,这些冗长的关于"真正或实在的本质"的讨论都是从艾耶尔对错觉论证进行"评估"的那段话引出来的。这份评估得出的结论说,这个论证所涉及的问题其实是语言上的而不是事实上的。我先前曾论证说,他达到这个结论的方式实际上表明他并不相信这个结论;因为这个结论依赖于如下学说:真正的"经验事实"事实上总是关于"可感现象"的,**与之对照**,看似关于"物质事物"的论述则只不过是一种说法而已——"这些表达式意在指称的事实"都是关于"现象"的事实,也就是唯一存在的事实。但不管怎么样,艾耶尔在这一点上的正式立场是我们面对一个语言问题:我们是否**应当说**我们感知的对象都是感觉与料?——以及:错觉论证并没有提供让我们必须选择这种说法的理由。因此艾耶尔自己接着继续论证我们为什么应该这样说;那么,我们现在就须来探讨一番题为"感觉与料的引入"一节。①

艾耶尔说,的确不假,"如果我们这样规定语词的使用,其结果是:凡说起我们看到的或触摸到的或以其他方式感知到的对象,就逻辑地导致说这个对象真的存在或某物真的具有它显得具有的性

---

① 艾耶尔,《经验知识的基础》,第19—28页。

质,那我们就将不得不要么否认任何感知是欺幻的,要么承认仿佛我们感知到的对象都是物质事物这一说法是错误的。"但事实上我们并不必须以这种方式使用词语。"如果我说我看见一根看上去弯曲的小细棍,我的意思并不是真的有个东西是弯曲的……如果由于患有复视觉而产生的错觉,我说我感知到两张纸,我并不必意指真有两张纸在那儿。但确实可以这么说,如果两张纸真的被感知了,它们必定在某种意义上都存在,即使并非作为物质事物存在。对这个异议的回答是,它是由于误解了我使用'感知'这个词的方式而产生的。我这里是这样使用感知这个词:说一个对象被感知到并不逻辑地导致说它在任何意义上存在。这是这个词的一种完全正当且熟悉的用法。"

艾耶尔继续说,但是,"说一个对象被感知就暗含着它存在,这也是'感知'这个词的一种正当而熟悉用法"。在复视觉的事例中,如果我"在这个意义上"使用这个词,我就必须说:"我原以为我感知到两张纸,但我真正只感知到一张。""在一种熟悉的意义上使用这个词,我们可以说我真的感知到了两张纸。在另一种同样也被习俗认可的意义上使用这个词,则必须说我只感知到一张。""只要我们始终把这个词的这两种用法区分清楚,就不存在任何问题。"①

与此相似,某人会说"他看见了一颗遥远的星星,它的大小大于地球的大小";他也会说他"实际看见了一个不比六便士硬币大的银色斑点"。艾耶尔说,这两个说法并不冲突。在"看"的**一个意义**上,"看见的东西必须真的存在,但它不必须具有它显得具有的

---

① 普莱斯也认为"感知"是**模棱**的,它有**两个含义**。参见《感知》,第 23 页。"有可能感知到不存在的东西……但在'感知'的另一种意义上,在较为接近日常言谈的意义上,我们不可能感知不存在的东西。"

性质"——在**这个意义**上这人看见了一颗巨大的星星;但在**另一意义**上,"任何东西都不可能显得具有它不真正具有的性质,但所看见的东西也不必然真的存在"——在**这个意义**上这人"的确可以说他看见的东西不比六便士硬币大"。

那么感觉与料如何呢?它们就是这时被引进来的。艾耶尔说,有些哲学家也许会决定"把'看'或指称感知方式的所有其他词"**既**"用于欺幻经验"**也**"用于可靠无欺的经验",并且**还**(我们或许会认为误入歧途地)"以如下方式"使用这些词,使得"看见的东西或感官经验到的东西必须真正存在,且必须具有它显得具有的性质"。但这样一来,很自然地,他们发现不能说"经验到的东西"总是物质事物;因为在"欺幻"的情形下,那东西要么不"真正存在",要么不"真正具有显得具有的性质"。于是,他们似乎——不是再去想想自己对"看"的用法——就决定说,在"欺幻"情形下"经验到的东西"是**感觉与料**。接下来他们发现,艾耶尔说,依据熟悉的老说法,即"欺幻感知和可靠无欺感知并无质的差异",把这个用法扩展到所有情形中去是颇便利的。艾耶尔说,这"能被合理地接受为一条语言规则。于是我们可以得到这样的结论:在所有感知事例中,直接意识到的对象是感觉与料,而非物质事物。"艾耶尔说,这个程序并不包含"任何事实层面的发现";它相当于建议"一种新的语词用法"。他自己倾向于采纳这个建议;"它自身并不增加我们对经验事实的知识,甚至也不能使我们从而能表达任何不用它就无法表达的东西。它最多只能使我们**以一种更清楚、更便利的方式**说出已熟悉的事实。"黑体是我加的。

导致这个结论的论证当中有一个重要的(至少是突出的)部分,即主张"感知"及其他指称感知方式的动词有**不同的意义**,且它们都是(或仅**某些**是?)"正确的和熟悉的"。① 这主张与这论证是怎么联系起来的,这我们将在适当的时候考虑;目前,我想检查一下这个论证的根据,问问它是否牢靠。

那么,让我们看看据说显示了这些不同意义的例子。首先,熟悉的老例子,水中的小细棍。艾耶尔说:"如果我说我看见一根看上去弯曲的小细棍,我的意思并不是真的有个东西是弯曲的。"这很对;但这说明了什么?显然它是**用来**说明,"看"有**一种意义**,在这种意义上说看见了某个东西并不逻辑地导致说"那东西存在,或某个东西真的具有它显得具有的性质"。但这例子当然完全没有说明这个。它**说明**的无非是"我看见了一根看上去弯曲的小细棍"这整句话并不逻辑地导致说任何东西真的是弯曲的。艾耶尔说之所以如此是**因为"看"用在这里有另外一种意义**,这是附加的一步,他并没有为这一步提供根据。实际上,真来考虑这点的话,这一步不仅没有根据,而且肯定是错的。因为,如果**必须**从整句话中挑出一个**部分**,这个部分使得整句话不能逻辑地导致任何东西真的是弯曲的,那么无疑"看上去弯曲"才是最可能的选择。无论怎样看待"看"的意义,我们都知道看上去弯曲的东西未必真的**是**弯曲的。

第二个例子在颇为相似的方式上是无效的、脱靶的。艾耶尔说:"如果我说某人感到他的腿上有压力,我并非必然排除了他的

---

① 公平起见,我想应在这儿再次说明,艾耶尔写了此书后,时光已流转不少。在他写书前一二十年,设想感知动词有不同意义的学说颇为盛行,他把这类学说视作理所当然接纳下来并不奇怪。无疑今天他不会采取一模一样的论证路线了。

腿已被锯掉的可能性。"但与前相似,为什么要以"感到"的**某个意义**来解释呢?为什么不说(比如)"他腿上的压力"这个说法有时候用法特殊,能用来说即便某人的腿其实已被锯掉了而他仍然会感到的东西?在我看来,甚至这例子是否说明"他腿上的压力"有某种特别的**意义**都很有疑问;但无论如何,这么说并不比说这儿有一个特别意义上的"感到"差些——实际上要好得多。

  第三个例子,即复视觉,处理起来不像前两例那么容易。艾耶尔就此说道:"如果我说我感知到两张纸,我不必意指真有两张纸在那儿。"我认为,这只在某种限制下才是对的。我料想,如果我知道我患有复视觉,我的确可以说"我感知到两张纸"而这么说的时候**不意谓**真有两张纸在那儿;虽然如此,我想,我这话确实意味着有两张纸在那儿,就是说,只要听到这话的人并不知道我患有复视觉这一特殊情况,他就会自然而恰当地根据我的话推想出,我认为那儿有两张纸。不过,我们可以同意,当我说"我感知到两张纸",我的意思可以不是——既然我可能知道不是——在我面前有两张纸。到此为止都不错。但艾耶尔的下一句话改变了语词的形式。他说,"即使两张纸**真的被感知到了**",那儿也不必真有两张纸。而这肯定是错的。实际上,在复视觉的情况下,我们恰恰**不能**说"两张纸真的被感知到了"——这是因为那儿必须**有**两张纸才能说两张纸"真的被感知到了"。

  但是,有人也许会说,我们是不是退了一大步,已经证明了艾耶尔在这里提出的主要观点?不管"真正被感知"是怎么回事,我们已然同意了,即使我明明知道并不是真的有两张纸在我面前,我仍然可以正当地说"我在感知两张纸"。既然无可否认这话**也**可以用来暗示那里**真的**有**两**张纸,我们岂不必须同意"感知"有两种不同的意义?

哦,不。这里征引的语言事实远不足以证明这么强的结论。只说一点吧,如果"感知"真的有**两种意义**,我们自然会期待"感知"在任何一个结构中要么有这种意义要么有另一种意义。但实际上,即使"我感知到两张纸"并不一定意谓**那儿有**两张纸,"两张纸真的被感知到"则似乎与那儿实际上只有一张纸是**不相容**的。所以看上去好像更应该说"感知"在不同的**结构**中有不同的蕴含,而不是说"感知"有两种**意义**。但比这个更重要的事实是,复视觉是一个相当特殊的事例,以至于我们也许不得不延伸日常用法以便收揽它。因为,在这种特殊的情况下,尽管那儿只有一张纸而我好像看到两张,由于没有更好的说法,我也许要说"我感知到两张纸",同时清楚地知道这话放在眼前这种情况下实际上并不完全合适。一种特殊情况也许会像这样使得我使用一种本来是适合于某种不同的、正常的情况的说法,但这个事实这并不足以证明:我所用的语词一般说来有两种不同的、正常的("正确的、熟悉的")**意义**,或哪怕有两者中的某一个意义。提出复视觉这类疑难反常的事例,最多只能证明日常用法有时不得不被延伸以收揽例外情况。这并不像艾耶尔所说的那样,"只要能始终区分两种用法就没问题";没有理由说这里**有两种用法**;只要能意识到这里**情况特殊**,那就"没问题"。

我逛动物园,可以指着一只动物说:"这是只狮子。"我也可能指着相册里的一张照片说:"这是只狮子。"这是否表明"狮子"这个词有**两个意义**呢——一个意指某个动物,另一个意指一个动物的照片?显然不是。(在这个事例中)为了削减冗余语词,我在一种情况下可以使用原本适用于另一种情况的语词；只要环境明了，不会产生任何问题。

实际上，在复视觉事例中，我并非只有一个办法，即通过上面提示的方式把"我感知两张纸"这个日常说法加以延伸。我当然也可以这么做；但实际上还有一个特定短语专门用在这个场合——"这张纸我看成重影了"；艾耶尔原可以提到它，那将不无裨益。我也可以说：我"把它看成两张了"。

现在来考虑一下看见星星的那个人；艾耶尔对这一事例的解说格外让人困惑。你还记得，据称，这个人会有两种说法：(a)"我看见一颗遥远的星星，它的大小大于地球的大小"；(b)——让他描述他实际上看见什么——"我看见一个不比六便士硬币大的银色斑点。"艾耶尔的第一观察是，"我们倾向于推出两个断言中至少有一个为假"。当真有一个为假？为什么应该有一个为假？当然，谁要是对天文学极端无知，他有可能感到这种倾向——就是说，假如他以为天空上的这些银色斑点不可能真的是比地球大的星星，或反过来，假如他以为某个比地球大的东西即使非常遥远也不可能真的看上去像银色斑点。但我们多数人知道星星非常非常大，它们非常非常遥远；我们知道用凡胎裸眼看，它们**看上去像**是怎样的，反正我们多少知道一点它们**是**像什么。所以，我完全看不出有任何理由被诱使去认为"看见一颗巨大的星星"与"看见一个银色斑点"两不相容。难道我们不能相当自在地说那个银色斑点**是**颗星星而且说得也没啥错？

不过，这也许不大重要，因为，尽管艾耶尔令人吃惊地认为我们会感到那种诱惑，他倒也认为我们应当抵制它；他同意，这人的两个说法并不真的不相容。他接下来解释说:"'看'这个词,像'感知'这个词一样,通常是在很多不同意义上使用的。"这人看见一颗星星,按其中一种"意义"为真,他看见一个银色斑点,按其中另一种"意义"为真。是吗,这些意义都是什么呢?

"按一种意义,可说这人看见一颗星星为真,在这种意义上,看见的东西必须真的存在,但它不必须具有它显得具有的性质。"这么说也许没错,虽然在这个上下文中有点儿含糊。我们也许能接受"所看见的必须当真存在";困难在于另一个条件"它不必须具有它显得具有的性质"——没说清楚"它显得具有的性质"被设想是例如什么东西。按讨论的大致走向来想,意指的是**大小**。但若如此,就有这么个困难:问到一颗星星"它显得**是**什么大小?"这问题没哪个有头脑的人会试着给出答案。他也许的确会说它"看上去一点点大";但若把这视作意指它看上去一点点小似的,它显得是一点点小,那就很荒唐了。事涉像星星那样遥远而又遥远的对象,谁看它的时候,实在没有"它显得是那样大小"这种事儿,因为这里不存在着手去估摸它有多大这类问题。我们不可能有意义地说"从它显出的外观判断,它比地球小/大",因为即使对这样一个粗略的判断,外观实际上也没有提供任何根据。不过,我们也许可以换个例子做点儿弥补。人所周知,星星闪烁不定;我想,据此我们可以合情合理地说它们**显得**有间断、不规整、断断续续发光。于是,如果我们承认星星并不当真断断续续发光,如果我们是要说我们看见星星,那么可以推出我们显然不要求所看见的东西具有"它显得具有的性质"。

现在让我们转向艾耶尔的另一种"意义"。他说:"在另一种意义上,人们的确可以说他所看到的东西不比六便士大,在这种意义上，任何东西都不可能会显得具有它并不真正具有的性质，但所看见的东西也并不必然真的存在。"也许这**会是**"看"的"另一种意义"，如果有这么种意义的话；可事实上**并没有**像这样的一种"意义"。有人说"我看到了一个银色斑点"，他**当然**"意味着"这个银点存在，有这个银点；如果他仰望的那片夜空没有银点，如果那片天空空无一物，那么他在那里当然**看不见**银点。他下面的这种说法也帮不上忙："嗯，那片天空也许空无一物，可千真万确的是我看到了一个银色斑点；因为我在用'看'的这种意义：所看见的东西并无须存在。"人们也许会认为我这么说不公平；也许会说，艾耶尔说那人看见的银色斑点无须"当真存在"，但他不可能意谓那里根本没有任何银色斑点能被看见——他只是意谓它无须作为星星那样的占据某个确定物理空间的东西存在。可是不然——艾耶尔的确正意谓我认为他所意谓的；因为你也许记得，他先前说，说得能多明确就有多明确，"感知"有一种"正当的、熟悉的"用法，按照这种用法，"说一个对象被感知到并不逻辑地导致说它**在任何意义上**存在"。这话让人无话可说，除了说让人**无话可说**之外。①

"看见"的这一所谓意义的另一个特点殊不少古怪。据提议，那人看见一个银色斑点的"看见"，其意义包含："任何东西都绝不可能显得具有它并不真正具有的性质"。这里所指的是什么性质又不是很清楚；但看起来艾耶尔心里想的是**不比六便士大**这个"性

---

① 看见鬼又怎么说？好吧，如果我说表妹约瑟芬曾有一次看见鬼，那么，即使我接着说我"不信"鬼，无论这话是什么意思，我都不能说鬼**在任何意义上**都不存在。如果我要坚持说鬼**在任何意义上**都不存在，那我最初就不能认可有人看见它们——我将必须说他认为自己看见了，他们好像看见了，诸如此类。

质"。但这话肯定有点儿荒唐。请记住我们在这里谈论的是**银点**，不是星星。我们真能认真来问这个银点是否当真不比六便士大，或是否它只是好像不比六便士大吗？在所设想的各种可能之间能有什么区别？说到底，说"它不比六便士大"本身不过是说到某物看上去怎样时一种言其大概的习惯说法。但若我们想的是某种可以认真当作这个银点的"性质"的东西——例如微微呈粉色这种性质——我们就再一次得到结论说，并不存在艾耶尔所说的"看见"的那种意义。因为，有人看夜空的一个小光点，尽管它实际上是微粉色的，当然有可能在他看上去却是微微发灰的，例如，由于他眼睛处在某种异常情况之下。要想让这个小光点显得像是某种不可能显得具有它不真正具有的性质的所见物，唯一的办法**是**选用"不比六便士大"这类用语——但在这种情况下，之所以不可能，并非由于这里所使用的"看见"的"意义"，而是由于颇为荒唐地把"不比六便士大"当作一种**性质**来对待，仿佛（在这个上下文中）说到这种"性质"，我们竟也可以有意义地**区分**实际上具有它和只不过好像具有它。事实却是，"看见"并没有那么种意义，依照这种意义，所看见的东西"根本无须在任何意义上存在"；而且，"看见"并没有那么种意义，无论它是同一种意义抑或是另一种意义，①依照这种意义，所看见的东西不可能"会显得具有它不真正具有的性质"。我当然并不否认我们可以任意发明"看见"的这样一些意义，虽然我不明白我们干吗要这么做；但我们必须记住艾耶尔在这里的目的

---

① 实际上很难理解艾耶尔怎么竟能够在不同情况的合取之处认为自己是在刻画"看见"的**同一个**意义。因为，一个人怎么竟可能一口气说"它必定真的具有它显得具有的性质"和"它也许不存在"这两句话？**是什么东西**必定具有它显得具有的性质？

是描述"看见"的已然是"正当的",甚至是"熟悉的""意义"。

我们现在考察完了艾耶尔提供的各种事例;看来它们没有哪个为"感知"、"看见"等等具有不同"意义"的想法给予任何支持。这些事例中有一个——关于复视觉的那一个——的确表明,在某些例外的境况下,我们使用这些词的日常形式但它们的**意思**并不完全是通常的意思;我们说震颤性谵妄患者"看见粉红老鼠"是又一个例子,因为我们这里的意思不是(在正常情况下的意思)存在着真实的活生生的粉色老鼠而他看见了它们;但日常语词在例外情境下的延伸肯定不构成相关语词的特殊**意义**,更不消说"正当的熟悉的"意义。其余的例子要么没有显示与这些语词是否具有其他意义这个问题有什么关系,要么,像艾耶尔所描述的星星一例,引进了肯定并不存在的所谓"意义"。

那么是哪里出了错?我认为出错的地方之一是:艾耶尔观察到,对"X感知到什么?"对这个问题可能给出很多不同回答,而所有这些回答可能都是正确的并因此是相容的;他的这个观察是完全正确的,但他跳到了"感知"一定有不同的"意义"这个结论上——因为,若非如此,怎么可能对这个问题的**不同**回答都是**正确的**?然而,对这些语言现象的适当解释却完全不是这样的;简简单单就是:我们可以用很多不同方式描述、定鉴、分类、刻画、命名"感知"到的东西。人问我"你踢的是什么?"我可以回答"我踢的是一块绘有图画的木板",也可以说"我踢的是琼斯家的大门";这两个回答可以都是正确的;但我们应当因此说在这两个例子中"踢"用在不同意义上吗?显然不。我在同一个"意义"上、在通常意义上所踢的东西,可以被描述为一块绘有图画的木板,也可以被定鉴为琼斯家的大门；这块木板在这里正是琼斯家的大门。与此相似，我可以说"我看见一个银色斑点"或"我看见一颗巨大的星星"；我在同一个"意义"上、在通常意义上看见的东西，可以被描述为一个银色斑点，也可以被定鉴为一颗很大的星星；因为这个银点在这里**正是一颗很大的星星**。①

设想你问我"你今天早上看见什么了？"我可能回答"我看见一个在牛津被车擦到的男人"。我也可能回答"我看见一个在耶路撒冷出生的男人"——这个回答可以指涉同一件事情而且同样正确。由此可以推出我一定是在不同意义上使用"看见"吗？当然不可以。事实简简单单是：有两件事都对我看见的那个男人为真——(a)他在牛津被车擦到，(b)他若干年前出生于耶路撒冷。我当然也可以说——这么说**并不**模棱——我看见他，以此提示这两个关于他的事实中的某一个。如果这里**有**什么模棱，模棱的也不是"看"这个词。

设想我在用望远镜观察，你问我"你看见什么了？"我可以回答(1)"一个亮点"；(2)"一颗恒星"；(3)"天狼星"；(4)"望远镜第十四个镜片上的映像。"所有这些回答都可以是完全正确的。那我们就有了"看见"的一些不同意义？**四个**不同意义？当然不是。望远镜第十四个镜片上的映像**是**一个亮点，这个亮点**是**一颗恒星，这颗恒星**是**天狼星；我可以说我看见这四样东西中的任何一样，都说得很正确而且毫无模棱之处。我事实上选择以何种方式来说我看见什

---

① 当然，由此不能推出我们可以恰当地说"那个很大的星星是个光点"。我可以说："地平线上那个白点是我的房子"，但这并不容许我们下结论说我住在一个白点里。

么要依当时的具体情况来定——例如,看我认为你想知道的是什么回答,看我所知道的有多少,看我打算做出断言时冒何种风险。(而且并非只在一个方向上有是否可靠的问题;它也许是颗行星,不是恒星,也许是参宿四,不是天狼星——但也可能,这个望远镜上只有十二个镜片。)

"我看见一个穿黑裤子的不起眼的男人。""我看见希特勒。""看见"的两个不同的意义? 当然不是。

我们通常可以用很多不同方式描述、定鉴、分类我们看见的东西——有时它们所冒的风险程度不同——这个事实不仅使得搜寻"看见"的不同意义成为不必要的、误入歧途的,而且它也顺便表明了那些哲学家弄错了,他们错误地主张"你看见什么?"这个问题只有唯一一个正确的回答,例如"某种东西的表面的一部分"——不管那某种东西是什么东西。因为,如果我能看见一张桌子的表面的一部分,例如,桌面的一部分,那么,只要我所处的位置合适,我当然也能看见,而且也能说我看见一张桌子(一张餐桌、一张红木桌子、我银行经理的桌子等等)。这个奇特的建议还有另一个缺点:它会摧毁"表面"这个好端端的词;因为说我们无论看到什么都只是看到它的**表面**,这错得离谱,而且这话还错误地暗示每样东西都**有**个表面。哪儿是猫的表面? 确切说来什么是它的表面? 还有,为什么是表面的"一部分"? 一张纸一览无余地放在我面前,由于我(当然)只看到纸的一面而说我看到的只是它的"一部分"将是离谱的误用。

还应该至少提一下的另一点是这个。尽管没有充分的理由说"感知"("看见"等等)有不同的**意义**,然而,我们能够对所看到的东西做出不同描述却肯定不是整个故事。看见某种东西,不仅有不同的方式来**说**看见的是什么,而且它有**不同的方式**被看到,**不一样地被看**。这种可能性给我们带来了"把……**看作**……"这个重要的表达式;心理学家们,还有维特根斯坦,已经十分认真地讨论了这种可能性,然而讨论感知的大多数哲学著作却几乎没有留意它。最明确的例子是(例如维特根斯坦所援引的兔鸭头),以某种特定的方式设计一幅画或一幅图像,使它能够以不同的方式被看到——看作一只鸭子或一只兔子,看作凸的或凹的,或无论什么。但这种现象也会,可以说,自然发生。一个士兵看见一群人在阅兵场上变换各种复杂队形,与一个对操练一窍不通的人相比,他看得不一样;一个画家或至少某种类型的画家看一个场景,蛮可能和一个不谙绘画技术的外行看得不一样。所以,关于看到什么说得不一样,不仅是由于了解有多有少,分辨有粗有精,做出断言有谨慎有冒险,对事情的关注在这个方面或那个方面,而且也可能由于看到的东西看得不一样,以不同的方式被看到,**看作**这种而不是看作那种。有时候,关于看见什么并不存在唯——**种正确的**说法,还由于可能并不存在唯一一种正确的看它的方式。① 可以注意到,我们前此在另一些上下文中碰到的一些例子为使用"看作"这种表达式提供了机会。用裸眼看,一颗遥远的星星看上去像个小光点,这

---

① 我们**通常**是否**如事物真正所是的那样**看到它们?这是运气使然吗?是应该由心理学家去解释的事情吗?有一种诱惑我们的说法:"看作"是为**特殊情况**所设的;但我会倾向于抵制这种诱惑,不陷入这种说法。我们有时说我们"像他真正所是的那样"看清了一个人——"看到他的本色";然而这是(a)"看到"的一种延伸用法,甚至是隐喻用法,(b)差不多只限于说人,(c)即使在这个限度内也是一个特殊的例子。例如,可以说我们看到了火柴盒的本色吗?

话也可以换成说,它被**看作**一个小光点;从剧场座席上看,头套在黑袋子里的那位女士显得没有头,或看上去是个无头女士,这话也可以换成说她被**看作**一位无头女士。

但我们现在必须回到哲学论证的进程中了。你可能记得,艾耶尔"感觉与料的引入"一节很大程度上是想建立"感知"及另一些感知动词有不同"意义"——两种或也许更多种"意义"。我则论争说没有任何理由认为存在着这类不同意义。我们会设想,这一争点对艾耶尔的论证关系重大;但出人意料,我认为并非如此。因为,尽管他那样提出自己的论证,的确像是依赖于感知类的动词具有不同"意义"的主张,其实却完全不依赖于这个主张。

最终"引入"感觉与料的方式,你记得,是这样的。据说,哲学家决定这样使用"感知"("看"等等),在这种用法中,"看到的东西或其他感官经验到的东西必须真正存在且必须真正具有它显得具有的性质"。这当然实际上不是"感知"("看"等等)通常的用法;无独有偶,它也不是艾耶尔本人标识为这些语词的"正确的熟悉的"各种用法之一;它是由哲学家发明出来的使用这些语词的一种**特殊**方法。好吧,哲学家既然决定这样使用这些语词,他们自然就发现"物质事物"没有进入所感知到的东西的候选名单之中;因为物质事物并非永远真正具有它们显得具有的性质,甚至,它们并不存在的时候还可能好像存在。于是,虽然没有或极少有哲学家脸皮厚到否认我们在任何"意义"上感知到物质事物,但至少应该把某种别的东西提名为在这种特殊的、哲学的意义上感知到的东西。**确实**合乎要求的是什么?答案:感觉与料。

"感知"在非哲学的流行用法中**已经存在着**不同"意义"这个主张到现在为止还没有对这一系列战术运作做出什么贡献——这些运作的目的主要在于发明一种相当**新的**"意义"。那么,这种主张的贡献何在?据艾耶尔(和普莱斯),贡献在于它为哲学家提供了发明他们自己的特殊意义的动机。① 他们发明出自己的特殊意义,据艾耶尔,"意在避免这些模棱歧义"。然而,为什么说实际上并不存在这些模棱的歧义其实对他们原无所谓?理由在于,避免模棱的歧义其实并不是他们的动机。他们的真正动机在于——而这一点乃是全部事情的中心与核心——他们希望提供一族**不可能误错**的命题;他们发明出"感知"的这一意义,而这一意义的真正价值在于,既然在这种意义上感知到的东西**必定**存在且**必定**是它显出的那样,那么,说我在这种意义上感知到某种东西,我就**不可能错**。所有这些是我们必须深入查看的。

---

① 确切说来,普莱斯把这些不同"意义"的存在视作发明一个特殊术语的动机。见《感知》第 24 页:"在这种境况下,唯一安全的路线是完全避开'感知'这个词。"

十

追求不可能误错是哲学史上最尊贵的大魔头。它横行于全部古代哲学，最突出的是柏拉图哲学；笛卡尔又重新为它注入强大的活力，并把它传给一大串继承者。它无疑有多种动机，有多种变形，我们当然不可能在这里讲述整个故事。有些时候，动机好像相对简单：渴望某种东西具有**绝对的确定性**——如果把这种渴望调理成那样，乃至确定性成了绝对不可能获得的，那当然，这种渴望恐怕极难满足。另一些时候，例如大概在柏拉图那里，看来所寻求的是某种将**永远为真**的东西。眼下这一案例是笛卡尔的直接后裔，但这一案例又增添了几分以一般知识理论形式出现的复杂性。这些哲学家真正感兴趣的当然是知识而根本不是感知。就艾耶尔一例言，这一点显示在他的书名上，同样也显示在各处文本中；比较起艾耶尔，普莱斯对实际感知的事实更多一点儿认真的兴趣，也多下了些工夫——但仍然，值得注意，普莱斯一开始提出"什么是**看见**某种东西？"这个问题以后，紧接下来的句子就说："我看见一个西红柿，这里有很多东西我**可以怀疑**。"这提示他真正关心的也并不主要是看见了什么，更多的还是**能够**怀疑什么。

简要言之，这里关于知识的理论或曰关于"经验"知识的理论是：它有**基础**。知识是一个结构，上面诸层是通过推论获得的，基础则是推论以之为根据的**与料**。(于是,看起来理所当然必须有感觉与料。)推论有个缺点,它们可能弄错;我们迈出一步,总可能踩错地方。于是——这理论如是说——要确定一种知识是不是整个知识结构中的上层,就须问一问我们会不会出错,是不是有什么**可能怀疑**的东西;如果答案是"是的",那我们就不在基底的一层。反过来,**与料**的特征就在于在这里没有任何怀疑的可能,没有弄错的可能。所以,你要找到与料,找到基础,就去查找什么是**不可能误错**的。

不过,艾耶尔对这个古老故事的解说是(至少写下这个解说的时候)很时新的,很语言取向的。他时常批评普莱斯和其他先行者把原本的语言问题当作事实问题来讨论了。然而,我们已经看到,艾耶尔虽然比较精巧,但这并没有防止他吞下裹在传统论证中的几乎所有老旧神话和错误。我们也已看到,他自己也并不当真认为出现的这些问题是关于语言的问题,尽管这是他正式宣告的理论。最后,我们马上会看到,在一路阐发自己的理论之时,这些问题是语言问题这一理论引他犯下不少关于语言的严重错误。

但在深入这个话题之前,关于艾耶尔正式宣告的观点和实际观点之间的裂隙我想再说上几句。在他的书的第二节,艾耶尔的要旨是这个令人吃惊的主张:不存在关于"物质事物"的真正事实,**关于"物质事物"**,我们愿怎么说就怎么说,唯有的真正存在的事实是关于"现象"或"可感外观"的事实。我们早先在讨论这些的时候已经侦测到上述裂隙。然而,真正**存在**的只有感觉与料这一主张更加清晰地也更加经常地重新出现在最后一章,而这一章意味深长地题为

"物质事物的建构"。("物质事物是由什么做成的?")例如:"说到对物质事物的'统一性'和'实体性'的信念,我将表明,这也许可以正确地表达为:它们只不过是把我们在经验**事实**上确实获得的某些关系赋予视觉的与触觉的感觉与料之上。我将表明,感觉与料之间**存在着**这些关系是个偶然的**事实**,而只是这个偶然的事实使得我们可以**方便有效地**使用物质事物的存在及行为这类语汇来**描述**我们的经验过程。"(重点是我加的。)再如:"我可以把我将要从事的任务描述为:表明什么是我们**从我们的感觉与料的资源**来'建构'物质事物世界所依的一般原理。"当然,关于这些论说以及其他很多类似论说,正式宣告的解释是,严格说来,它们涉及的是两种不同**语言**之间的亦即"感觉与料语言"和"物质对象语言"之间的逻辑关系,不能从字面上视作牵涉任何东西的**存在**。然而,事情并不是:艾耶尔的说法有时让人觉得**似乎**只有感觉与料实际存在,**似乎**"物质事物"实际上只是感觉与料的拼图建构;事情是:他实际上认为真实情况就是那样——这一点清清楚楚。因为他毫不怀疑**只有**感觉与料才提供经验"证据",而正**因为这个缘故**,"指涉物质事物的任何命题若要具有经验意义,它就**必须以某种方式**能够用感觉与料的词汇加以表达"。(重点还是我加的。)就是说,这两种所谓"语言"会怎样互相联系这个正式宣告的问题从来没有被视为真尚无答案的问题;物质对象语言**必须以某种方式**"能够还原为"感觉与料语言。为什么?因为实际上感觉与料构成了我们的全部"资料"。

不过我们必须再深入一步来讨论一下"两种语言"的理论。艾耶尔在这个论题上跟卡尔纳普小吵小闹了一番,看看他们之间的争论是怎么回事儿会颇有教益。①

艾耶尔认为自己不同意卡尔纳普在这个话题上的部分理论。卡尔纳普的相关理论大致说来是,一种语言中的(正当的)指示性语句,或曰非分析性语句,可以分成两组,一组包括"经验上可验证的"语句,另一组包括"观察语句",或"记录语句"。一个语句属于第一组,是经验上可验证的,当且仅当,用艾耶尔的话说,"依据确立的语言规则可以从这个语句推导出"某个观察语句。至于这些观察语句,卡尔纳普有两点要说。他说(a)把哪些观察语句当作**真语句**,从根本上说只是约定之事;我们唯一需要操心的事情是把约定固定下来,并且,依照这些约定,我们确认的所有语句的整体是内在一致的;(b)把哪种语句归为观察语句没什么差别;因为"属于物理学的系统语言的每一个具体语句在适当的环境下都可以充当观察语句"。

这两点艾耶尔都不同意。关于第一点,他激烈地、完全正确地争辩说,无论我们说什么,若要认真申言它对于我们生活在其中的世界实际上是真的(甚至申言其为假),那么,我们所说的就必须包含某种东西,其为真(或为假)是由话语之外的现实决定的,事情不可能是我们所说的每一样东西都只靠和我们所说的其他东西是否一致来估量。

关于第二点,艾耶尔的立场则不是**那么**清楚。他认为,只有那些可以被恰当地称作"观察语句"的语句是记录"可观察事态"的语

---

① 艾耶尔,《经验知识的基础》,第84—92页,第113—114页。

句——这看来合情合理。然而,哪一类语句起这种作用?或用艾耶尔的话说,是否有可能"划定那些能够直接被证实的命题的类"?麻烦在于,不很清楚他怎样回答这个问题。他一开始说:"这依赖于用以表达这种命题的语言。"关于感觉与料的命题可以直接得到证实,这一点显然没有什么可认真质疑的。"另一方面,教孩子英语的时候,我们暗示关于物质事物的命题可以直接得到证实。"也许是这样;但我们这样暗示对不对呢?艾耶尔有时好像是说我们说到底这样做也可以:但很难看出他怎么真能这么认为。因为(且不说我们已经注意到他倾向于主张真正的事实只是关于感觉与料的事实)这里有点儿障碍:他像卡尔纳普一样,把观察语句视作证实过程的终点;艾耶尔再三表达了如下观点:关于"物质事物"的命题不仅本身需要获得证实,而且实际上不可能获得"结论性的"证实。所以,除非艾耶尔准备说**不能**获得"结论性"证实的语句**可以**获得"直接"的证实,也准备说它们可以充当证实过程的终点,否则他就必须否认关于物质事物的命题可以是"观察语句"。实际上相当清楚,从艾耶尔论证的一般取向及其内在结构来看,他的确否认这一点。艾耶尔的真实看法,若用卡尔纳普的语汇来说,好像是,关于"物质事物"的命题是"经验上可检验的",关于感觉与料的命题是"观察语句";第一组的成员不能获得结论性的证实,第二组的成员实际上是**不可能误错的**。

我们现在要来思考一下所有这些看法哪些对哪些错。在与语言外的现实的联系问题上,我们已经说了,艾耶尔对,卡尔纳普错;除了语句互相之间是否一致之外什么都不相干这个想法的确太离谱。然而,在第二个问题,比起艾耶尔,卡尔纳普至少较近于正确;

的确,没有一个特殊的语句子类,它的专门任务在于为别的语句充任证据或用来证实别的语句,更别说它的特殊性质在于不可能误错。不过,即使在这一点上,卡尔纳普也不是**那么**正确;因为,如果我们考察一下为什么他较近于正确,我们就会看到,在最最重要的一点上,他和艾耶尔同样都是错的。

简要说,是这么一点。人们当今好像相当普遍地认识到,你取来一把语句(或命题,用艾耶尔比较喜欢的用语①),它们在这种或那种语言中是充分良好地表述出来的语句,但我们仍然并不能把它们分成为真和为假的两个类别;因为(且不去谈论所谓"分析"语句)真假问题并不只依赖于一个语句是什么,也并不只依赖于它意谓什么,而且还依赖于,极宽泛地说,说出它的那个情境。语句本身并不为真或为假。但下面这一点也同样清楚,如果我们想到这一点的话:由于差不多相同的缘故,我们也并不能从那一把语句里挑出作为其他语句证据的那些语句,或那些"可检验的",或那些"不可误错的"。哪类语句说出来为哪类语句提供证据,同样依赖于特定事例的情境;并不存在一类语句,它们**本身**就起提供证据的作用,正如并不存在一类语句,它们**本身**就令人吃惊,就可疑,就确定无疑,就不可能误错,就真。所以,尽管当卡尔纳普说,不存在一个特定种类的语句,我们**必须**选用它们来为其他语句提供证据,他

---

① 艾耶尔在第 102 页为他对这个词的用法提供了说明,可是这一段说明**恰恰**使得这个本质之点模糊不清。因为艾耶尔说(a)按照他的用法,"命题"指称具有**相同含义**的一类语句,(b)"所以"他将说命题有真假,而非语句有真假。然而,知道一个语句的含义当然并不能让我们说它是真的还是假的;而我们能说它真是假的就不是艾耶尔意义上的"命题"。

说得很对，然而，他认为我们**可以**选用某个种类的语句做这件事情，这种看法却是错误的；这件事情根本就不可能。所以，艾耶尔的主张——他显然持有这种主张——也是错的：提供证据的这类语句总是感觉与料语句，因此**这些语句**是应该被选用来做这件事情的语句。

存在着某个种类或某种形式的语句，它们是不可能误错的和提供证据的，这个观念好像足够常见，值得更加细致地加以批驳。我们先来考察不可能误错。这个论证看来是从如下观察开始的：有一些语句可以确定为本质上比别的语句更加冒险，我们说出这些语句时把脖子伸得更长些。例如，我说"那是天狼星"，如果它虽是颗星星但这颗星星并非天狼星，那我就错了；而我若只说了"那是颗星星"，它不是天狼星就无动于我。更进一步，我若只说了"那看起来像颗星星"，即使发现它不是颗星星，我也可以泰然若素。如此递进。这一类思考大概产生了这样的观念：存在着或能够存在一类语句，我说出这些语句而不冒**任何**风险，我的承诺降到最低；于是，原则上**什么都**不能表明我犯了错误，我所说的会是"不可能误错的"。

然而，这个理想目标是绝对达不到的。不存在也不可能存在任何种类的语句，说出来以后，它们就其本身而言就再不可能被修正或被撤回。艾耶尔本人虽然准备好说感觉与料语句是不可能误错的，但他还是注意到这一点不能成立的一种情况；他承认，无论说话人多么着意于不做出承诺，他原则上总还是有可能**把词说错了**，而且接下来经提醒承认他说错了。不过艾耶尔似乎要把这当作某种无足轻重的限制一笑了之；他显然认为他在这里只是退一步承认我们有可能不经意间说错了词,即纯粹的"口误"(当然还有可能撒谎)。但事情并非如此。把词说错的可能方式要多于这些。我本想说"朱红"而错说成"洋红",也许由于纯粹口误,也许,我不很知道"洋红"是什么意思,何种色调叫作洋红;再也许,我不能或不曾留意或关注或恰当把捉我眼前的颜色。所以,我不仅可能经提醒承认面对这种颜色时"洋红"不是该选用的正确语词,**而且也**可能经提醒看到了或也许想起了我眼前的颜色就不是洋红。即使我说:"在我个人此时此地看来,好像我是在看到某种洋红色的东西",上述之点依然成立,一如这一点对我说"那是洋红"那样成立。前一种说法也许更加谨慎,但它不是**不可能误错的**。①

114 也许有人说,是这样,即使这些谨小慎微的说法也不是**本质上**不可能误错的,然而,肯定在很多情况下,我们说出它们时所说的**事实上**不可能误错——就是说,在这些情况下,实际上不可能提出任何令人信服的理由让我们撤回这些说法。好吧,无疑是这样。但我们说出另一些由颇为不同的语词组成的语句,上述说法也完全成立。因为,我做出某种陈述而实际上不可能提出任何令人信服的理由让我撤回它,那只是因为我处在或设法处到了得以做出

---

① 艾耶尔并非完全**忽视**我们有可能由于不留心、没有注意到或分辨出而做出错误描述。但在感觉与料那里他想要**排除这种可能性**。但他的这种尝试部分是个失败,部分不可理解。规定感觉与料具有它显得具有的无论什么性质不足以达到他的目标,因为,即使只是说某物显得具有某种性质,仍不是不可能出错的——例如,我们可能没有认真去关注它显得是什么样子。但若规定感觉与料不多不少就是说话人认为它所是的无论什么东西,乃至如果他**说**的不一样那就一定是不一样的感觉与料,那就等于通过**法令**来规定虚假不实的感觉与料语句为真;苟若如此,感觉与料怎么会像艾耶尔本来意谓的那样是非语言的东西呢?怎么会是那种东西——我们**对**它们有所知觉,我们**指涉它们**,所有经验陈述是否事实上为真归根到底要**对照它们**得到验证?

这一陈述的最佳位置——我做出这一陈述时具有而且理应具有**十足的**信心。但是否处在这个位置无关乎我使用**哪个种类的语句**来做出这个陈述，而在于我做出这个陈述所处的**是何种环境**。我仔细检查我视野中的一片颜色，认真而不分心，我精通英语，还特别留意我在说什么，我可能说"在我现在看来，好像我看到的像是某种粉色的东西"；那就提不出任何东西来表明我弄错了。但同样，我花了一段时间观察我眼前几步外的动物，光线充足，我也许捅捅它、嗅嗅气味、留意它发出的声音，我可能说"这是头猪"；那这同样也是"不可能误错的"，那也就提不出任何东西能表明我出了错。放弃了有**一类特殊的语句就其本身而言**就是不可能误错的那种观念，我们倒是不妨承认（这一点本来平凡无奇地为真）有**很多种类**的语句，我们可以用它们做出**事实**上不可能误错的陈述——意思是：做出这些陈述时的环境使得它们很确定地、断然地、不可撤回**地为真**。

再来考察一下所提的证据观念——又一次，存在着某个特殊种类的语句，其功能在于表述其他种类语句据以成立的证据。这里至少有两个错误。

首先，事情不像这个学说意味的那样，仿佛说话人只要做出一个"物质对象"陈述，他就一定有证据或一定能为之提供证据。这也许听起来很像那么回事；但包含对"证据"观念的严重误用。我说某个动物是猪，在什么情况下适合说我有这么说的**证据**？例如，我看不见那动物本身，但我能看到它窝外面的地上有好多像猪蹄印的印子。要是我发现三两桶猪食，那是更多的证据，哼哼声和味道会提供更好的证据。但若这家伙冒了出来，就站到我眼皮底下，那就不再谈得上搜集证据了;它站到眼前并不向我提供它是猪的更进一步的**证据**,我现在能**看到**它是猪,问题已经解决。当然,在不同的情况下,我也许一上来就看见了,也就根本无须费心去搜集证据。① 同样,如果我实际上看见一个人射杀另一个人,我可以作为目击证人对那些所处位置不那么有利的其他人**提供**证据;但对于我自己关于发生枪击的证词我没**有**证据,我实际上**看见**了。于是,我们再一次发现你不仅要考虑用了哪些话语,而且必须把使用它们时的周边环境也考虑在内;一个人说"那是头猪",有时他有这么说的证据,有时则没有;不能说"那是头猪"这个**语句**本身属于本质上需要证据的那类语句。

但其次,我们刚才考察的事例已经表明,表述证据并不是某种特殊语句的功能。"物质对象"陈述的证据,如果有证据的话,通常是由同种类型的陈述表述出来的;但一般说来,视环境适当与否,**任何**类型的陈述都可能为**任何**其他类型的陈述表述证据。例如,一般说来,并非一般性的陈述"根据于"个别陈述而不是相反;我认为**这只**动物要吃甜菜可以根据于多数猪吃甜菜;但当然,在不同条件下,我可能说反正这头猪吃甜菜,以此来支持多数猪吃甜菜这个主张。与此相似——这一点也许更切近感知这个话题——一般说来并非关于事物如何如何的陈述要"根据于"事物显得、看上去、好像如何如何的陈述而不是相反。我会说,例如,"这根廊柱是粗大的",其根据是它看上去粗大;但同样我会说,在另一些条件下,"这

---

① 可以说,我有"自己的眼睛作证"。但这个比喻恰恰是说它并**不**是"证据"的通常用法的一例——我**没有**通常意义上的证据。

根廊柱看上去很粗大"——其根据是我刚刚筑成这根廊柱，我把它**建得**很粗大。

我们现在可以来简短讨论一下"物质对象"命题**从它们本身**来看无法确证这个观念了。这个观念之错一如感觉与料命题从它们本身来看不可能误错这个观念一样（还不止像艾耶尔准备承认的那样说它也许会"误导"）。艾耶尔的主张是，"确定性这个观念不适用于**这种类型**的命题"。① 他这么说的理由是：要确证这种类型的命题，我们就需要完成"无穷系列的证实"这一自相矛盾的任务；无论我们做了多少给出正面结果的验证，我们永远不可能完成所有可能的验证，因为可能的验证数量无限；但只要**少于**所有验证，那就**不足以确证**。

可艾耶尔（不止他一个）干吗要提出这么个极端的理论呢？当然并非关于"物质事物"的陈述本身一般说来就**需要**去加以"证实"。例如，随意交谈的时候，有人说了句"我其实住在牛津"，交谈的另一方也许会去证实这话，要是他觉得有必要的话；但**说话人**当然不觉得有这必要——他知道这是真的（或是假的，如果他在说谎）。的确，严格说来，不仅他没有**必要**证实他的陈述；眼下的情况倒是，既然他已经知道其为真，那么，无论他去做什么都不能**视作**他在"证实"这话。而事情也不一定在于他先前某个时候曾经证实过这个陈述所以现在无可再加证实；因为，说到那些清清楚楚知道

---

① 无独有偶，艾耶尔以及很多其他人的如下主张也是错的："确定性的观念"**适用**于"先天逻辑命题和数学命题"——从它们本身来看。很多逻辑命题和数学命题一点儿都不确定；若说有很多这类命题是确定的，那并不是因为它们**是**逻辑命题和数学命题，而是因为，例如，它们已经获得了特别牢靠的证明。

自己住在哪里的人,其中有几个我们能说他们曾在任何时候**证实**过他们住在那儿?该认为他们在什么时候去证实的?怎么证实的?干吗要证实?我们刚刚讨论了关于证据的错误学说,眼下我们面对的也是一个错误学说,它实际上恰像是刚才那一个的镜像。刚才那个观念是关于"物质事物"的陈述**本身**一定要基于某种证据,现在的观念是关于"物质事物"的陈述**本身**需要得到证实,后一个和前一个一样都错,而且错法也一样。而这两个观念之所以错,归根到底是由于那个更广泛的错误:忽视了说出话语的**环境**——以为我们可以用一种很一般的方式来**单单**讨论**这些话语**。

但即使我们同意眼下只限于讨论那些可以乃至需要加以证实的陈述,情况仍然十分不妙。我们说破大天干吗要认为这种证实永不可能达到结论?例如,你告诉我隔壁房间有台电话,我(将信将疑)决定去加以证实,人们怎么会认为我**绝无可能**达到确定的结论?我走进隔壁房间,那里确实有某样看上去和一台电话一模一样的东西。但它会不会是一幅产生立体错觉的平面画?这我不难确定。也许它只是个模型,并没有连上电话线,里面也没有真实的零件?好吧,我可以把它拆开查看一下,我也可以真的给谁拨个电话——为了更加确定,还可以让他给我拨回来。我做了所有这些,当然,**我也就**确定了;你还能再要求我做任何什么呢?这个东西已经经受了足够充分的检验,确立了它真是一台电话的事实。这并不仅是说,就日常的、实践的、普通的目的来说,它已经**足够像**一台电话了;经过所有这些检验都合格的东西本来就**是**电话,无可疑问。

然而，我们可以料到，艾耶尔采纳他那种极端观点是有个理由的。在他那里有一条一般教义：尽管在他看来关于"物质事物"的陈述从来不严格地等同于关于感觉与料的陈述，但"谈论物质事物毕竟是说出了点儿什么，只不过说出的东西不是关于各类感觉与料的"；或，像他有时采用的说法：关于"物质事物"的陈述**逻辑地导致**"一组这样或那样的关于感觉与料的陈述"。然而——这是他的困难之处——并没有一组确定的、有限的关于感觉与料的陈述由关于某一"物质事物"的陈述逻辑地导致。于是，无论我怎样兢兢业业地查看由某个关于物质事物的命题逻辑地导致的那些感觉与料陈述，我都无法排除如下的可能性：存在着另一些感觉与料陈述，它们也是由那个物质事物陈述逻辑地导致的，然而，查看一番后会发现它们结果是不真的。但若我们发现一个陈述会逻辑地导致一个不真的陈述，那么当然，前一个陈述本身就可能非真；而按照艾耶尔的那个教义，我们在原则上无法最终排除这种可能性。仍然按照那个教义，证实恰恰在于这样查看感觉与料陈述，于是，证实就**永远不**可能是结论性的。①

这个教义中有很多可异议之处，而在某些意义上说，其中最奇怪的是对"逻辑地导致"这个概念的用法。"那是头猪"这个语句**逻辑地导致**什么？哦，也许，某个动物学权威在哪儿记录下来一个陈述，列举了属于**猪**这个种的充要条件。于是，也许，我们若要严格地在那个意义上使用"猪"这个词，说某个动物是猪将逻辑地导致

---

① 物质事物就像是拼图谜那样拼起来的；但由于一个拼图谜中的拼板数目不是有限的，我们就永远不能知道任何一幅拼图是完整的，总可能缺了一些拼板，或有些拼板不合。

这个动物满足这些条件，不管这些条件是些什么。但这显然不是艾耶尔所想的那种逻辑导致；要说的话，这跟非专家对"猪"这个词的用法也没有多大关系。① 但这里还有什么别种的逻辑导致呢？猪看上去什么样子，闻上去听上去怎样，它们平常怎么动作，我们对这些有个八九不离十的观念；无疑，要是有什么看上去很不像猪，活动起来不像猪那样，也不发出猪的声音和气味，我们会说它不是一头猪。但是否有——是否**必须**有——一些**陈述**，具有"它看上去如何如何"、"它听上去如何如何"、"它闻上去如何如何"这样的形式，而我们可以干净利落地说"那是头猪"逻辑地导致这些陈述？显然不是那样。我们学到"猪"这个词，就像学到指涉日常事物的绝大多数语词那样，通过实指学习——人们指着那个在场的动物告诉我们"**那**是头猪"；所以，尽管我们肯定学到了"猪"这个词可以适当地应用于或不能应用于其上的是哪种东西，但我们肯定不是通过任何那样一种中介阶段——把"猪"这个词跟一堆关于事物看上去、听上去、闻上去如何如何的**陈述**连到一起——学到的。这个词就不是以这种方式引进我们的语汇的。所以，尽管来了一头猪我们的确就会产生情况是这般这般而不是那般那般的预期，但把这些预期套上一套行头表现出来，弄成"那是头猪"**在逻辑上导致的一些陈述**，完全是矫揉造作。单从这一个理由看，说**证实**某个动物是头猪仿佛在于查看由"那是头猪"逻辑上导致的陈述就完全是——说得客气点儿——矫揉造作的。我们要这样来想证实，

---

① 这种正式定义反正也不能涵盖**一切情况**——比如说，一只畸形的猪。我去家畜博览会，结果看到的是一头五条腿的猪，我不能申诉说猪逻辑地导致只有四条腿而把门票钱要回来。

肯定有一大堆困难；我们不知从何处开始证实，不知怎么推进，不知何处停止。但这并不表明很难很难证实或无法结论性地证实"那是头猪"，倒是表明把证实扭曲成了不可能之事。假使证实过程真可以正当地以这种方式描述，那我们的确再不能说什么构成了对某个动物是头猪的结论性的证实。但这并不表明偶或需要去证实某个动物是头猪我们真有任何困难；这只不过表明关于证实是怎么回事艾耶尔提供了一幅完全错误的画面。①

  我们还可以再加上一点，这一点与上面那一点有联系但又很不一样。关于一个特定种类的东西会做什么不会做什么，在这样那样的情形下会怎样反应不会怎样反应，我们的确有些相当确定的看法，然而，若把这些看法扮装得像是一些确定的**逻辑推导**，那同样会是非常矫揉造作的。有很多很多事情，我自然而然地认为一台电话不会去做，无疑还有无穷数量的事情，我想都没有想过它会不会去做；然而，若我说"这是台电话"逻辑地导致天文数字的陈述，陈说一台电话不做这些事情也不会做这些事情，若我说直到我确证了这一族无穷数量的所谓逻辑推导这个**绝无可能的**任务之前，我真正说来就不曾确定任何东西是一台电话，那我就明明白白是在胡说八道。"这是一台电话"**逻辑地导致**"你不能吃它"吗？在

---

① 还有另一种途径表明"逻辑地导致"在这类上下文中是不合宜的：设想山雀，我们见到过的所有山雀，都是颊上长毛的，于是我们很乐意说"山雀是颊上长毛的"。这逻辑地导致颊上没毛的就不是山雀吗？其实不然。因为，假如在某个新开发的地区发现了几只颊上没毛的山雀，好吧，我们从前说山雀颊上长毛的时候并没有谈论这些**新样本**；我们现在必须重新考虑一下，也许要承认这个无毛山雀的新品种。同理，我们今天关于山雀所说的也**根本**不指涉史前始祖山雀，或遥远将来的山雀，它们也许由于气候发生变化最终脱去了颊毛呢。

确定它是一台电话的过程中我必须吃吃它并且吃不下去吗?①

那么,我们可以把到此为止得到的结论总结如下:

1. 不存在一个特定种类的语句("命题"),关于它们可以说**就它们本身而言**

    (a) 它们不可能误错;

    (b) 它们为其他语句提供了证据;

    (c) 其他语句要得到证实就必须去查看它们。

2. **就它们本身**而言,"物质事物"语句并非

    (a) 必须由证据支持,或基于证据;

    (b) 需要被证实;

    (c) 不可能被决定性地证实。

实际上,语句——若被视作不同于**在特定情况下做出的陈说**——根本不可能根据艾耶尔等人的这些原则被分为两组或不管几组。这意味着我在本节开始处简略勾画的一般知识理论——它才是我们刚才讨论的那些理论背后的真正魔头——**从根底上从原**

---

① 我认为哲学家太不留意这个事实:平常使用的多数语词是通过实指定义的。例如,他们经常觉得那是个谜:如果是 A 并不**逻辑地导致**非 B,那么 A 为什么**不能**是 B。而这不过是因为我们是以实指定义的方式引进"A"和"B"的,就像指称**不同事物**的语词那样。为什么红桃杰克不能是黑桃皇后? 我们也许需要一个新术语:"实指分析的"。

则**上**出了差错。因为,即使极其慷慨极冒风险地假定可以把某个特定的人在某个特定时间地点所知的东西系统地加以整理,从而分成基础和上层结构,若设想我们可以这样处理**一般**知识则将仍然是一个原则性的错误。而这是因为,什么是什么的证据,什么是确定的而什么是可疑的,什么需要证据而什么不需要证据,什么能被证实什么不能被证实,对这些问题**不可能**存在**一般**的回答。如果**知识理论**就是要为这种回答找到根据,那就没有知识理论这种东西。

不过,离开这个话题之前,我们还应该再考察一下关于"两种语言"的信条。这最后一个信条也是错的,但它错误的原因跟我们刚才所讨论的那些原因颇不一样,而这个信条自身也颇值得关注。

要说清这个信条究竟是什么就不那么容易,所以,我将用艾耶尔自己的话(重点则是我加的)来表述它。例如,他说:"有一套规则把指涉感觉与料的语句与相应的感觉与料连在一起,这类语句的含义由这些规则**精密地**决定;然而,对于那些指涉物质事物的语句,不可能获得这种**精密性**。因为这类语句所表达的命题不同于关于感觉与料的命题:不存在构成使它们为真的充要条件的可观察事实。"① 再如:"……我们对物质事物的指涉,就其应用于现象而言,是含混的……"② 也许,这些话在说些什么不是那么清楚,不过,这一点还是足够清楚的——他是在说:关于感觉与料的陈述,所有这类陈述,以某种方式或在某种意义上,都是**精密的**,与之对

---

① 艾耶尔,《经验知识的基础》,第 110 页。"可观察事实"在这里以及很经常意指且只能意指"关于感觉与料的事实"。

② 艾耶尔,《经验知识的基础》,第 242 页。

照，关于物质事物的陈述在某种意义上或以某种方式是——**都是**——**含混**的。怎么说呢？一上来就很难看出这怎么可能是真的。"这儿有三头猪"是个含混的陈述吗？"在我看起来好像我看见了某种粉色之类的东西"**不**含混吗？第二个陈述**必然**是精密的吗？第一个陈述不可能在同样意义上是精密的吗？精密性会跟**不可能误错**性成双结对而含混跟**不可能证实**结对，这不是很可惊奇吗？毕竟，我们平常是说谁谁在含混其辞之中"寻求庇护"——一般说来，你越精密就越可能错，你要是说得足够含混你就有大大的机会说得**不**错。不过，我们这里真正需要做的是更加仔细地看一看"含混"和"精密"到底是怎么回事。

"含混"本身就含混。设想我说某事含混，例如某人对一座房子的描述含混；这一描述有很多可能的特征——倒不一定是缺陷，这要看所要求的是什么描述——或其中任何一个，或全都加在一起，都有可能让我或导致我把这个描述称作含混。它可能是(a)**大致**的描述，只传达了关于所描述之物的"大致看法"；或(b)在某些点上模棱**有歧义**，既合乎这个又合乎那个，可以被认为也许指这个也许指那个；或(c)**不精密**，没有精密刻画所描述之物的特征；或(d)**缺少细节**；或(e)采用的**语词太一般**，它们可以涵盖很多颇为不同的情况；或(f)**不够准确**；或也许同时还会(g)**不充分**，或**不完全**。一个描述的确可能表现出所有这些特征，但它们显然也可能单个出现。一个大致的、不完全的描述可以就它做出描述的那一部分而言是准确的；它可以有很多细节却很不精密，或毫无歧义但很一般化。反正，很清楚，描述得含混不止有**一种方式**，不含混，或**精密**，也不止一种方式。

通常,宜称之为"含混"的是语词的**使用**而不是语词本身。例如我描述一所房子,说这说那,其中说到它有房顶,没说那是什么样的房顶,这是导致人们说我的描述有点含混的诸种特征中的一种;但好像没有什么道理让我们说"房顶"本身是个含混的**词**。蛮可以承认,有不同种类的房顶,就像有不同种类的猪和警察;但这不等于说"房顶"在所有场合的使用都让我们不很确定它意指的是什么;我们有时候会希望说话人"更精密些",但想来这种希望来自某种特定的缘故。用一个词来涵盖很广范围内的不同事物,这一特点当然是极为常见的;有这个特征的语词太多了,我想,比我们会愿意一般地称之为含混**语词**的要多得多。此外,碰到边缘情况,几乎哪个语词都可能让我们为难;但这同样不足以让语词含混这一指控成立。(无独有偶,很多语词表现出这些特征不是由于它们属于"物质对象"语言,而是由于它们属于**日常**语言,在那里,过度精密的区分会有繁琐生厌的坏处;日常语词并不是与"感觉与料"语词对照而言,而是与"精密科学"的特殊术语对照而言的。)不过,的确也有些无用得出了名的语词——例如"民主"——使用这类语词的的确确容易让我们吃不准所意指的究竟是什么;这里好像可以合情合理地说这个**词**含混。

"精密"这个词最能一展身手的是在测量领域;在这里,做到精密靠的是采用刻度足够精细的量具。这艘货轮多长?"709.864英尺"是个十分精密的回答(但它不一定准确)。有些词,我们也许会说,固定在很窄的区间,这时,可以说这些**词**是精密的;比起"蓝","鸭蛋蓝"至少可说是**更加精密**的一个词。但问到若要做到精密,一个量具的刻度应该有多精细,一个词的用法应该确定在多窄区间之内,当然并没有一个一般的回答——部分因为越来越精细的划分和区别是件没有尽头的事儿,部分因为对某些目的来说已经(足够)精密对另一些目的来说却会太宽泛太粗略。例如,一个描述不可能是绝对地、终极地**精密**,就像它不可能是绝对**充分的**、**完整的**。

可以也应当区分"精密"和"恰好"。我用一把尺子量一个香蕉,我可能量出香蕉精密的长度是**五又八分之五英尺**。我用香蕉量尺子,我可能发现尺子恰好是六根香蕉的长度,但我不能声称我的测量方式有任何精密之处。我必须把一堆沙子分成三等份,手头却没有称重的器具,我就无法**精密**等分。但我要把一堆26块砖头分成三等份,我就无法分得**恰好**。使用"恰好"的场合,也许可以说有某种让人激动的东西,让人眼前一亮的东西——恰好两点整就仿佛比两点过三分更像条新闻似的;找到那个恰恰好好的词(它不一定是个精密的词)让人喜不自禁。

那"准确"呢?显然,无论一个词还是一句话,它本身无所谓准确。准确性用在地图上最合适了,那就来想想地图;可以说,准确的地图不是地图的一个**种类**,不像例如大比例的地图、详细的地图、画得很清楚的地图;准确性涉及的是地图和它所画的地理地形之间的**符合**关系。人们可能想说,准确的东西,例如一份准确的报告,必定是真的,一份很精密的或很详细的报告就不一定是真的;这种想法有点儿道理,但我觉得此说未安。"不真然而准确"的确挺明显是错的;但"准确并因此是真的"好像也不对头。只因为"真的"跟在"准确"后面是重复多余的?这里值得费心比较一下"真的"跟例如"夸张的"之间的关系;如果"夸张的**因此**是不真的"好像不怎么对头,我们不妨试试"那很夸张,**在这个意义上不真**","不真,**或不如说**,很夸张","**就其**颇为夸张**而言**是不真的"。的确,就像一个词本身和一句话本身无所谓准确,一个词本身和一句话本身也无所谓夸张。不过,我们有点儿离题了。

现在我们回过头来考虑那个想法:感觉与料语句本身就是精密的,"物质事物"语句则天生含混。这个信条的第二部分我们能明白,在某种意义上。艾耶尔心里想的好像是,例如,那是只板球,这一点并不逻辑地导致我们看它是只板球而非摸它是只板球,或在这种光线下从这个距离及角度去看而非在那种光线下从那个距离角度去看,用手去触摸而非用脚去触摸,诸如此类。这当然千真万确;唯一要做的评论是:这绝不构成声称"那是只板球"这话含混的理由。我们为什么要说这话"应用于现象时"是含混的?这话本来肯定不是意在"应用于现象"。它意在确定一种球——这种球实际上界定得相当**精密**——而它也完满地完成了这一任务。说话人会想要求什么东西**更加精密**些?无独有偶,就像前面指出过的,认为更加精密总是一种改善,那本来就是个错误;因为,一般说来,做到更加精密是更加困难的;一个词更加精密,它就更不容易适应新异情境的要求。

但这个信条的第一部分却远不那么容易明白。艾耶尔说:"有一套规则把指涉感觉与料的语句与相应的**感觉与料**连在一起,这类语句的含义由这些规则精密地决定";这话几乎不可能是说这样一个语句只指涉**单独一个**感觉与料;因为若是那样的话就不可能有一种感觉与料语言(而只能有,我猜想,"感觉与料名称")。另一方面,用来指称感觉与料的表达式说破大天为什么**一般地**就应该是精密的?这里的一个困难在于艾耶尔从来没有讲清楚他是否把感觉与料语言视作某种已经存在的东西,某种我们都在使用的语言,抑或认为那是一种仅仅可能的、原则上可以发明出来的语言;由于这个原因,我们从来不很清楚我们到底该去考察什么,或到哪儿去找例子。但就眼下的目的而言,这一点倒关系不大;无论我们愿把它想成既存的语言抑或人造的语言,反正在指涉感觉与料这件事和**精密**这件事之间没有必然联系;用来分类的语词蛮可以是极为粗略概括的,为什么不是呢?艾耶尔认为指称"物质事物"的语词**必定**是含混的;指称感觉与料的语词"应用于现象的时候"想来倒真的是不可能**恰恰**在同样的意义上"含混"。但艾耶尔在这里所谓的含混并不真是一种含混。即使它是,避免这种含混也仍然明显地不保证精密。含混不是只有一种。

于是,在我们几页之前所做的总结之上现在可以加上一条:没有道理说用来指称"物质事物"的表达式(就其本身而言、天生地)是含混的;没有道理认为用来指称"感觉与料"的表达式(就其本身而言、必然地)会是精密的。

十一

我将对瓦诺克的《贝克莱》的一部分①做几点评论,并以此作结。书中有很多内容我大致同意,在这本书里,瓦诺克也表现出自己是个警惕性相对较强的从业者;当然,他写这本书也比普莱斯和艾耶尔晚好多年。尽管如此,我认为还是有什么显然错得离谱;因为他最后归结到两类陈述的两分,一类关于"观念",另一类关于"物质对象",而这正是我一直在反驳的。当然,瓦诺克所尝试的任务是提供贝克莱理论的一个版本,去除掉他认为不必要的错误和晦涩;就是说,他并不是在明确伸张自己的观点。然而,他自己的一些观点还是在讨论过程中浮现出来;反正,我将辩说,他用过于溺爱的眼光来看待自己版本的贝克莱理论。一切顺风满帆,断然没有什么欺蒙之处:然而到头来孩子却被哄骗进了下水道。

在我们所涉及的那一部分,瓦诺克开篇明义,解释贝克莱的名句我们"直接感知"的只是"我们自己的观念"意指什么,或至少应该意指什么。首先,像我们看见椅子和彩虹,听见马车和人声,闻到鲜花和奶酪这些平平常常的话,贝克莱为什么会对它们提出质疑呢?瓦诺克说,并非因为贝克莱认为这些话从来不是**真的**;他的

---

① 瓦诺克,《贝克莱》,第 7 章至第 9 章。

想法是说这些话时我们是在**松松垮垮说话**。① 尽管说我听见路上的马车之类并没有什么害处，但"严格说来，我真正**听见**的是一些声音"。我们的日常感知判断总是"松松垮垮"的，这意思是，它们超出了我们实际上感知到的东西，我们在做出"推论"或假定。

瓦诺克对这一点评论说，我们说我们（例如）看见什么的时候的确像贝克莱说的那样想当然做出假定；不过，他认为像贝克莱那样主张这么做就总是话说得松松垮垮是不对的。"因为，要正确地报道我实际上看见了什么，只要我把我的陈述限定于我根据当下情境之所见**有资格说**的东西就足够了；在良好的观察条件下，我的确有资格说我看见一本书"；再如，"在说我听到什么的时候，对什么产生了我听到的声音不做出任何假定是格外谨慎的做法；但正确的言说并不要求我们总是尽可能谨慎"。瓦诺克认为，比较起回答"你看见了什么"这个问题，回答"你实际上看见了什么"这个问题的确要求回答者对他的假定、外部证据等等采取**不那么**自由随便的态度；但它并不苛求回答者完全排除任何假定，贝克莱却错误地认为"严格说来"这是必需的。

但至少在一点上瓦诺克自己在这里走失了路。他谈到面对反复诘问的证人，在那种情况下，诘问者明确被要求他把自己所说的限制于他**实际上看到**的东西；瓦诺克援引这个事例来说明"看见"

---

① 瓦诺克试用多种方式来陈述贝克莱的观点，这些方式多得让人困惑，实际上反倒让贝克莱的观点变得大大晦涩起来。他说贝克莱反对"松松垮垮"的说法，此外，他又时不时把贝克莱表现为追求**准确性、精密性、严格性、清晰性**；追求语词的**正确**使用，语词的**适当**使用；追求语词**密切合乎**事实的使用，从而不超出表达我们**有资格说**的东西。他好像把所有这些都视作怎么一来就差不多是同一回事。

和"实际上看见"之间的区别。他从这(一个!)例子得出了结论:说某人实际上看见了什么总是把头缩回来一点儿,更谨慎一点儿,减少所申言的内容。但事情并非普遍如此;事情可能恰恰反过来。例如,我可能一开始说我看见一个银色斑点,然后接着说我实际上看见的是颗星星。我可能作证说我看见一个人开枪,后来又说"我实际上看见他在实施谋杀!"简短大致说来,这是说,有时我想来看见的、以为我看见的比我实际上看见的要**多**,有时则要少。瓦诺克是被那位紧张的证人催眠了。要让"实际上"这个词承担论证的分量,我会建议他不仅先要考察这个词用法的多得多的例子,而且要把它和"真正的"、"事实上"、"就实际情况说"、"就事实而论"等相关语词做一番比较。

但无论如何,瓦诺克继续说道,贝克莱真正关注的并不是我们**实际上**感知到了什么这个问题,而是他自己特有的问题:我们**直接**感知到的是什么。谈到这一点,瓦诺克说"这个表达式根本没有日常用法",所以,他认为,贝克莱完全有资格以自己的方式使用它。(这种说法本身就肯定过于大胆了。"直接感知"也许没有**清楚的**含义;但无论如何"直接"是个很日常的词,而它的日常含义中肯定不包含感觉与料论证相当实质性地加以利用的那些意味和联系。)好吧,贝克莱怎样使用这个表达式?瓦诺克的说明如下:"例如,我说我看见一本书。先让我们承认,这么说一点儿都不错。但在这种情形里仍然存在着某种**直接**被看到的东西(不是那本书)。因为,无论进一步的调查是否确证我看见了一本书这个申言,无论我是否知道或认为我看见了什么,无论我走近前去会看到、摸到、闻到什么,此时此刻在我的视野里存在着某种有颜色的形状,或由几种颜色组成的图案。这就是我**直接**看到的东西……在如下意义上，这比那本书本身更加'基本'：我可能直接看见这个由几种颜色组成的图案而那里并没有书，然而，除非某种有颜色的形状出现在我的视野里，否则我就没看见书，的确，根本**什么都没看见**。"

但这样引入"直接感知"这个表达式**当真**让人满意吗？据称，我"直接"看见的东西好像必定是"在我视野里"的东西。但后面这个短语未经任何说明；那本书不在我的视野里吗？对于我视野里的东西是什么这个问题，如果正确的回答像瓦诺克认为的那样是"有颜色的形状"，那我们为什么要进一步认为那是"某种东西，**不是那本书**"？显然，说"那边那块红色是那本书"（比较"那个白点是我的房子"）显然相当自然相当合适。某些有颜色的形状，一些色块等等经常可以说**就是**而且是正确地说**就是**我们看见的书或房子这些东西，而瓦诺克却置此事实于不顾，于是他在这里悄悄滑进了"物质对象"和另一类极具破坏性的存在物之间的两分。再者，他自己在几段之前刚刚承认我们可以在完全日常的、熟知的意义上说看见色块等等，而且实际上也这样说；那我们为什么现在非要说它们是**直接**被看到的，仿佛它们需要某种特殊的待遇？

瓦诺克的解说接下来转了个方向。此前他好像一直追随着贝克莱的观点，至少是承认存在着某种存在物——不是"物质事物"——而是我们"直接感知"的存在物。但在后面两章，他采取了语言路线，尝试区分出表达"直接感知判断"的那**一类语句**。从贝克莱"感官不做推论"这一警句出发，瓦诺克着手裁剪冗余、精雕细琢，以求通过这个熟悉的程序达到充分基本的、绝对最低限的陈述形式。然而他出师不利，那个糟糕的开头就显出他至少会半军覆没。他说:他寻找的是这样一种断言:"做出这种断言的时候我们'不做任何推论',或(我们已经提示这将是较好的说法)不把任何东西视作理所当然,不做任何假定。"从他立论的方式看,他显然犯下了一个我们(到现在已经)很熟悉的错误,认为有某些**特定形式的话语**将满足这个要求,而另一些形式的话语则不能满足这个要求。但他自己的一些例子就可以用来表明这**是**个错误。他说,我们来考虑一下"我听到一辆汽车"这个陈述。他说,这不是极低限形式,不是"直接感知"的陈述,因为,我做出这个判断时,我听到的声音引使我"做出了某些假定,而进一步的调查有可能表明这些假定是错误的"。然而,我是否做出一些结果可能错误的假定这个问题实际上并不在于我使用的话语的形式,而在于我把它们用于何种环境之中。瓦诺克心里想的情况显然是:我听到像汽车那样的声音,而**除了这种声音外**就没有任何其他线索。但若我先已经知道外头有辆车呢?如果我实际上能看见它,甚至也许还能摸到它、闻到它?那我**这时**说"我听到一辆汽车"我"假定"的会是什么?哪些"进一步的调查"会是必需的?甚或是可能的?① 暗示我们**只能够**根据听到一种声音来说"我听到一辆汽车"这话,从而把这句话的语词形式弄得看上去**天然就有**缺陷,这比下套好不了多少。

同样,瓦诺克把"我听到嘀咕声"这个语词形式也指责为非最

---

① 麻烦一部分在于瓦诺克从来没有讲得很清楚,所谓假定的东西或视作理所当然的东西是**什么**。他有时好像想的是关于当下情形的进一步的事实,有时是说话人未来调查的结果,有时是其他观察者会怎么报道的问题。但我们可以假定所有这些到头来差不多是一回事吗?

低限形式，理由是说这话的人假定他没有戴着耳塞。但不可能**但凡**谁说出这种语词形式我们就认真对他说"但你可能戴着耳塞呢"；他不一定是**假定**他没戴，他可能**知道**他没戴，而这时候提示说他也许戴着，这本身反倒荒唐之极。尽管瓦诺克坚称他和贝克莱都无意对我们通常所做的判断置疑，无意为任何版本的哲学怀疑论伸张争辩，但像他那样把语词形式表现成**普遍**有缺陷的做法，当然正是人们通常用来暗中建议怀疑论主张的主要方式之一。瓦诺克说，但凡我们做出日常断言，我们都已经在想当然做出假定，这种说法自然而然使得日常断言看上去不那么牢靠，即使他申明他和贝克莱并无意于此，这也无补于事。还可以加上说，瓦诺克从听觉范围内选用例子，这就微妙地加重了这种不牢靠的气氛。实际上，单凭声音，的确经常真的是我们在说听见什么的时候做出了某种推论，而且也经常不难看到我们怎么就弄错了。瓦诺克悄不作声地视上述情况对看见也理所当然成立，然而，看见却**不**完全是这样，因为通常的情况恰好是眼见为实。

瓦诺克真正要做的，不是提供最高限确定的语词形式，而是冒**最低风险**的，使用这些语词形式我们就总能尽可能少伸出脖子来。他最后获得了"它此刻在我看来好像是……"这个公式，这个普遍适用的前缀保障了"直接性"，把说话人限制在"他自己的观念"界限之内。瓦诺克认为，贝克莱把物质对象视作"观念集合"的学说，穿上语言学外套之后，可以表现为这样一种学说：一个谈论物质对象的语句，相当于与之相应的无限多的以"它……在某人看来好像是……"开头的语句的集合，前面的那个语句和后面那个语句集合的**意思相同**。"任何谈论某一物质事物的陈述真正说来是（可以被分析为)一个无穷大的陈述集合,这些陈述谈论的是它好像是什么,或它在适宜条件下会好像是什么,就仿佛说话人和别人和上帝在听到、看到、触到、尝到、闻到。"

瓦诺克十分正确地认定我们无法接受关于"物质事物"的陈述和关于"观念"的陈述之间的关系的这一版本。认为我们所能做的无非是把关于事物好像怎样怎样的陈述越堆越多,这种想法的确有点儿荒唐;如果这就是贝克莱的意思,那么我们的确有道理说他对"事物的实在"不公。但瓦诺克没有就此罢手;他接着说,关于"物质事物"的陈述跟关于事物好像怎样怎样的陈述的集合不是**一回事**——这两类陈述的关系是判决对证据的关系,或至少,他说,"很像"这种关系。"在讨论证据和宣布判决之间有一种本质的逻辑区别——无论积累起来的证据数量多大,无论证据具有多强的结论性,都不能消除上述区别……与此相似,在说事物好像如何如何和它们是如何如何之间,也有一种本质的逻辑区别——即使积累了越来越多关于事物好像如何如何的报道,也不能取消这种区别。"

然而这个比较实在糟糕透顶。它显然涉嫌犯下了我们先前提到过的不少错误——例如如下想法:关于"物质事物"的陈述本身总是而且必须是基于证据的,而存在着另外一种特殊的语句,它们的任务在于提供证据。然而我们已经看到,我说某些话时是否有证据,是否需要证据,不在于我说出的是哪一种语句,而在于我使用这些语句的环境;如果提供了证据或需要证据,那也不在于存在着一类特殊的专门用来做这些事情的语句或语词形式。

瓦诺克的比较还直接导向他自己在正式说法中急欲否认的那

种"怀疑主义"。因为,是法官或陪审团——就是说,恰恰是**并未实际目击**相关事件的那些人——根据证据做出判决。依据证据做出判决恰恰是对某事件不具第一手权威的那些人在就该事件做出宣布。于是,说关于"物质事物"的陈述一般地类似于判决,就暗示我们从来不曾也从来不能处在做出这些陈述的最佳位置——可以说,并不存在目击者目击"物质世界"中发生了些什么这样的事情,我们所能做的不过是获得证据。然而,把事情表现成这个样子,就使我们好像可以颇为合情合理地认为我们从来不**知道**,从来不能**确定**,关于"物质事物"所说的任何东西是真的;因为,说到头来,除了证据之外我们看来靠不上任何别的东西,我们没有直接通达实际发生之事的路径,而众所周知,判决当然是可错的。然而,主张我说我自己鼻子底下正在发生的是什么事情之时我是在**给出一个判决**,这实在荒唐透顶!而让事情不可收拾的正是这一类比较。

此外,在瓦诺克笔下,整个事境不仅被扭曲了,而且头足颠倒。他所谓的"直接感知"陈述,远不是我们由此逐步**进往**更为日常的陈述的起点,反倒是我们实际上达到的终点;在他自己的解说中,我们达到这个终点,靠的是**从**较为日常的陈述**退却**,靠的是越来越畏缩嗫嚅。(有只老虎——**好像**有只老虎——**在我看**好像有只老虎——在我**此刻**看来好像有只老虎——在我此刻看来好像有只老虎**似的**。)退却后得到的那些语词形式原是**从**一个日常陈述**来的**而且还包含着这个日常陈述,它们以各种方式对这个日常陈述做出限制,让它少冒风险,现在,瓦诺克把这种语词形式说成是日常陈述基于其上的东西,这好像是一种离谱的倒错。你盘子里得先有点儿什么你才能开始折腾它。事情不是像瓦诺克的语言所暗示的那样,唯当来了什么事例恰好合上了这种语言我们才能停止畏缩啜嚅;事实是,除非有某种特殊的理由让我们畏缩啜嚅,在某个特殊情况中有点什么异常、不对头,否则我们就不**转而**畏缩啜嚅。

然而,瓦诺克论证的一般的也是最重要的错误则简简单单在于他站上了(也许是让贝克莱把他引入了)吞下两种语言这一学说的立场——这样做的时候,他看来至少暂时也吞下了两种存在物的学说。由此产生了证据语言("观念"语言)怎样联系于物质对象语言的问题;瓦诺克尝试回答这个问题,但那是个**没有**答案的问题,那根本不是个真正的问题。要点在于一开始就不要接受哄骗去问它。瓦诺克收束在"它好像……似的"这个特别的公式上,我认为,这甚至让事情变得更加糟糕;因为这个公式本身已经负载了很多东西:做出判断、评估证据、达成尝试性的判决。但就这个虚假两分来说,倒也没有什么别的东西能够更加胜任愉快地充当其中的那另一条腿。正确的策略不是瓦诺克采取的那一种:尝试把它修修补补,好让它胜任工作;这干脆就行不通。正确的策略是返回到早得多的阶段,在这整个学说起步之前就把它拆穿。

索 引

（条目后所注页码为原书页码，即中文本的页边码）

'Accurate' 准确, 128—129

'Actually' 实际上, 134—135

Appearance and reality, Ayer's account of 艾耶尔关于外观与实在的解说, 78—83

Appearances, visual 视觉外观, 21, 30

'Appear' 显得, 35, 36—38

Aristotle 亚里士多德, 64, 70 n

Ayer, A. J. 艾耶尔, 1, 6, 8, 19, 33, 124, 125 n. 129—130, 132

-on appearance and reality 论外观与实在, 78—83

-on argument from illusion 论错觉论证, 20—22, 25, 28—32, 55—61

-on corrigibility and verification 论可误错与可证实, 104—113, 117, 119

-on sense-data 论感觉与料, 44—48, 50—54, 84—98, 102, 103

Berkeley 贝克莱, 1, 4, 61, 132—136, 138, 139, 142

Carnap, R. 卡尔纳普, 107—111

Certainty 确定性, 10, 104, 117

Colour, 'real' "真正的"颜色, 65—66, 82—83

-patches of 色块, 136

Deception, by the senses 被感官欺骗, 8, 9, 11—14, 52

Definition, ostensive 实指定义, 121, 122n

Delusion, distinguished from illusion 幻觉与错觉的区别, 20—25; 也见 Perceptions

Descartes 笛卡尔, 1, 11, 49 n. , 104

Dimension word 大方向词

Dreams 梦, 12, 27, 42, 48—49

Entailment 逻辑导致, 119—123

Evidence 证据, 111, 115—117, 123, 140—142

'Exact' 恰好, 128

'Exist' 存在, 68 n

Facts, empirical, Ayer's view of 艾耶尔关于经验事实的观点, 59—

61,84,87,106—107,124
Field,visual 视野,136
Freaks 畸形,120 n

Ghosts 鬼,14,24,95 n
'Good' 善好,64,69—70,73,76 n

Hallucination 幻觉,20,67,69
Heraclitus 赫拉克利特,1
Hume 休谟,4,61

Incorrigibility 不可能误错,42,103,
　　110—115,123,125
Illusion,argument from 错觉论证,
　　4,19,20—32,33,44—54,55—61
-argument from, Ayer's evaluation
　　of 艾耶尔对错觉论证的评估,
　　55—61
-distinguished from delusion 错觉与
　　幻觉的区别,22—25
-Price's definition of 普莱斯对错觉
　　的定义,27—28

Kant 康德,61
Knowledge, theory of 知识理论,
　　104—105,124

Language,ordinary 日常语言,62—64
-ordinary, Ayer's view of 艾耶尔关
　　于日常语言的观点,55—56,109
'Like' 像,41—44,74—76
Locke 洛克,6,10,61
'Look' 看上去,34,36—43

Manifold,sensible 感觉杂多,61
Material-object language 物质对象
　　语言,107,127,142
Measurement 测量,127—128
Mirages 海市蜃楼,21,24—25,32
Mirror-images 镜像,12,20,26,31,50

Naive Realism 幼稚的实在论,9 n

Observation-Sentences 观察语句,
　　108—110

Perception,direct and indirect 直接
　　感知与间接感知,2,7,10,15—
　　19,29,44,87
-immediate 直接感知,133—137,141
-verbs of,different senses of 感知动
　　词的不同含义,85—103
Perceptions, delusive and veridical
　　欺幻的感知与可靠无欺的感知,
　　44—54,55,86—87
-existentially and qualitatively delusive
　　存在上欺幻的感知与性质上欺
　　幻的感知,78—83
Perspective 视点,12,20,26,28
Pitcher,G. W. 皮彻,viii
Plato 柏拉图,2,104
'Precise' 精密, 124, 126, 127—
　　128,129—131
Price,H. H. 普莱斯,1,8 n.,9 n.,
　　27,28,45—48,50,52,61,86n.,
　　103—105,132
Processes,cerebral 大脑的过程,45,

51,64

Propositions, Ayer's account of 艾耶尔关于命题的解说,110 n

Protocols 记录语句,108

'Real' 真正的、实在的,15 n.,59, 62—67,78,80—83;也见 Appearance

-as 'adjuster-word' 作为调节词, 73—76

-as 'dimension-word' 作为大方向词,7—73

-as 'substantive-hungry' 作为实词饥渴,68—70

-as 'trouser-word' 作为"当家词", 70—71

Realism 实在论,3

Refraction 反射,20,21,25—26,51

Retract 撤回,43

Russell, Earl 罗素,4

Scepticism 怀疑主义、怀疑论, 138,140

Scholasticism 学究式,3,4,13

'Seeing as' 看作,92,100—102

'Seems' 好像,36,37—39,43,142

Sense-data, 感觉与料,2,7,8,55— 57,60—61,80,81,105—107, 109,113 n.,119—120,129—131

-as directly perceived 作为直接感知的东西,44—54

-as objects of delusive experiences 作为欺幻经验的对象,20—22,

27—32

-Ayer's introduction of 艾耶尔引入感觉与料,84—87,102—103

Sense-datum language 感觉与料语言,107,130

Sense-perceptions 感官感知,6,11

Senses, testimony of the 感觉的证词,11

Sentences, empirically testable 经验上可检验的句子,108—110

-distinguished from statements 不同于陈述,110—111,123

Surfaces 表面,27—28,100

Thales 泰勒斯,4

Universals 共相,2,4 n

Urmson, J. O., ix

'Vague' 含混,125—127,129—131

Verdicts 判决,140—142

'veridical' 可靠无欺的,11,22,也见 Perceptions

Verification, direct 直接的证实,109

-conclusive 决定性的证实,109, 117—123

Vision, double 复视觉,20,85,89— 92,97

visual appearance 视觉外观,21,30

Warnock, G. J. 瓦诺克,1,132—142

Wittgenstein 维特根斯坦,100

附录 《感觉与可感物》读后

陈嘉映

小　　引

奥斯汀把他要说的说得相当清楚了。不过,哲学从来没有都说清楚了的时候,理后有理、理中有理。奥斯汀反对过度概括和整饬两分,他通过具体分析把那些貌似严整的概括和两分拆碎,暴露出其无稽。然而,我们竟可能避免概括和两分吗?如果不能,怎么一来概括就过度了、两分就只是外观整饬?

奥斯汀是通过语言分析来批判感觉与料理论的,他让读者清楚看到,艾耶尔的种种说法,**我没有直接看见猪,我没看到实在的猪**等等,是些荒谬的说法,没有哪个正常人会这样说。然而,我们能够这样驳倒一个哲学命题吗?高僧说:"不是风动,不是幡动,仁者心动。"你能这样驳斥他吗:这种情况下,我们总是说旗在动,风在吹,怎么成了我心动?

奥斯汀是否太倚重日常语言了?即使你对个别用法的分析、对哲学家误用的揭露都正确且精当,但似乎仍有什么重要的东西未被触及。毕竟,即使像休谟这样伟大的哲学家,用语也不少芜乱。奥斯汀对不少语词做出了前所未有的精妙分析,这些也许是语义学上的重要成就,但它们究竟属于语义学还是哲学?自然语言分析究竟有多大效力？你对 real 日常用法的分析很多精彩之处,但这些分析能为我们提供实在理论吗？艾耶尔在很大程度上就是这样回应奥斯汀的批评。

毕竟,奥斯汀差不多只是驳论,然而,就算你驳倒了感觉与料理论,你能靠什么建立起你自己的感知理论呢？"语言现象学"方法也许只适用于批判不适用于建设？导言里提到,赫斯特对奥斯汀提出两条一般的批评,一是奥斯汀所持的立场"贫瘠不育",二是奥斯汀过于钟爱日常语言。这两条批评有内在联系:过于钟爱日常语言,就无法取得科学进步,科学的进步显然与创建质量、力、波、细胞这些新概念相联系。

可是另一方面,哲学家怎么一来就建立起了理论？在建设理论的过程中或在理论中,我们竟可以随意地、按日常用法看来明显错误地使用语词吗？

我们在这里面对的是些实实在在的困惑。这篇"读后"尝试为澄清这些困惑贡献自己的想法,就教于方家。这里提出的问题,有一些本文并未正面回应,如语言分析、用语严谨到底与哲学建树是个什么关系？有待来日。另一些,如语义学和哲学的关系,如哲学是否旨在建立理论,我在其他地方发表过自己的看法,本文或不谈,或尽量从简。正面讨论的内容,分成四章,想得多一点儿的或自觉想得比较清楚的,就多说一点儿,否则,就满足于提供一点儿头绪,待来日展开。

本文是研究性的而非导论性的,旨在从奥斯汀的批判再向前追索一两步;它也许有助于对感觉与料理论做更进一步的透视,或曰,更进一步的批判,同时,它也会表明奥斯汀的批判在哪些方面还不到位,甚至出了差错。

感官感知

休谟与"感官感知"

本书谈论感觉,集中在感官感知。这是英国经验主义最心爱的话题。休谟在《人类理解研究》一开始,以及此书后面多处,都反复讨论这个话题。大致,他把 the perceptions of the mind(心智的感知)分成两类,一类是 the perceptions of the senses(感官感知),休谟说这一类没有名称,他发挥一点儿自由,名之曰 impressions,后来他也把它们称为 sensations。第一类心智感知没有名称的缘故,休谟猜想,是因为除了哲学目的,平常我们并不需要一个总名来总括各种不同感官的感知。另一类似乎有现成的名称,名之曰 thoughts 或 ideas。

休谟的用语很成问题,分述如下。

1. impression 当然不是单属于感官的,如果能说 the perceptions of the mind,当然也能说 the impressions of the mind。

2. 此后采用 sensation 这个词,休谟看来发挥了更多的自由。

3. impressions 之外的另一类 perceptions,真的就有现成名称吗?在现成用法即日常用法中,thoughts 或 ideas 是这么用的吗?

4. 如果像休谟猜想的那样,除了哲学目的,the perceptions of the senses 平常并不需要一个总名,那么怎么会有 thoughts 这样一个现成的总名?甚至还有更为概括的 perceptions 这样一个总名？休谟后面说到"哲学语言"。impression 作为哲学用语和这个词作为非哲学用语是什么关系？或宽泛地问,哲学语言是怎么区别于日常语言的？或更宽泛地问,哲学思考怎么一来就不同于日常思考了？

5. 再后来,休谟又不加解说或甚少解说地采用了 experience、outward or inward sentiment、feeling 这些用语。

奥斯汀说,比起笛卡尔或休谟,艾耶尔他们的阐论"更加充分、融贯,措辞也更准确",(第1页)这还不是随便说说的。若以奥斯汀的锐利解剖刀来分析休谟的文本,挑出的毛病恐怕要更多得多。不过,我们也会由此生出另一些问题来:休谟是一个伟大的哲学家吗？或反过来,一个伟大的哲学家怎么能够这样混乱地使用语汇？如果休谟果真用词大不严谨而仍然是伟大的哲学家,那么,这反过来又加深了我们原有的一个疑问:语言分析、用语严谨到底与哲学建树是个什么关系？

"感官感知"与"五官"

在尚未习惯哲学用语的耳朵听来,**感官感知**不大顺耳；汉语里没有这样一个用语。同样,sense-perception 也不是普通英语用语,只有哲学家用,大致用来概括**五官之觉**。简便起见,哲学家也单说 perception,这时,perception 的意思不是这个词的日常用法,在日常用法里,perception 和**感知**都不限于五官之觉,实际上,毋宁说它们**更接近于综合感、直觉之类,例如感知到即将来临的风暴**,再例如 I perceive some objections remain：这时候我没听到有谁明确表示坚持反对意见,但我隐隐约约觉得还是有。**感、觉、感**

觉这些字词含有某种笼统的、隐隐约约的、不那么条分缕析的意味。

感知和 perception 是动词或动名词。**但哲学家也把它用作真正的名词**，表示感知到的或"直接"感知到的东西，这时候，perception 就和 sense-datum 的意思差不多一样了，例如，它也可以有复数，perceptions。这个复数形式更凸显了 perception 这个词的哲学用法的人为性质：我看见一个人，一个影子，一个图案，一片颜色。一个图案、一片颜色当然不像一个人之为一那么鲜明，但我们大致能把它们区别于两个图案、两片颜色；然而，**一个所感知和两个所感知该怎么区分**？我看见一个人的时候，我看见了多少"所感知"或多少感觉与料？瓦诺克问："例如在三十秒钟之内，一共出现了多少感觉与料？"①顺便提到，中文不大分单复数，碰到动名词再加复数，就很难翻译；诸感知？诸所感知？

感官感知大致用来概括**五官之觉。哪五官**？我们平常并没有明确划分五种感觉。医院里分出来的是眼科、耳鼻喉科、口腔科。相学上分出来的是眼、耳、鼻、舌、口。

"我们平常并没有明确划分五种感觉"这话也可以说成"日常语言并没有明确划分五种感觉"。反思时，重新审视我们的经验的时候，我们可能想把感觉分成五种，或两种，或八种，但这些分法都不是最"平常"的分法。最平常的分法，就是我们的语言表征出来的那些分法。此外就是专门学科的分类，医学上的分类，相学上的分类。日常语言的分类体现一些一般的道理，专门学科的分类体

---

① G. J. Warnock, *J. L. Austin*, Routledge, 1991 年, 第 29 页。

现专门学科的道理。

哲学家所说的五官是哪五官？五官知觉通常所指的是视觉、听觉、嗅觉、味觉、触觉。相应的感官是眼、耳、鼻、舌，以及——什么呢？皮肤？医学上对感觉器官的分类有医学上的道理；我们是否可以相应地说：哲学上的分类有哲学上的道理？麻烦在于，哲学不是一个专门的学科，由是之故，"哲学上的道理"是个可疑的用语，至少不像"医学上的道理"那么明确。我们也许可以把"哲学上的道理"理解为：从常理延伸出来的道理，更深层的道理，等等。

五官之觉 vs. 内感知

哲学家为什么要创建**感官感知**这个用语呢？为了概括五官之觉。

对哲学家所做的概括，奥斯汀非常警惕；关于概括，我们下一章再谈，眼下只提前提到，单说创建**感官感知**是为了概括五官之觉还不够，概括背后往往还隐藏着一个问题：为什么概括？**针对什么概括**？

把五官之觉概括在一起，通常基于**感官与心灵的对照**、感官感知与心智之知的对照，休谟做出这种概括，是为了把感官感知与 thoughts 或 ideas 加以对照。有时，技术性更强些，是基于**外感觉与内感觉**（痛疼、时间感等）**的对照**。

然而，内感觉并非与外感觉并列，**内感觉与心智之知有更密切的联系**。痛疼感往往被列入内感觉，它更紧密地联系于心灵——虽然心灵被设想为比感觉高级，但就在内而言，心灵是"在内的"，内感觉也是在内的。内感觉甚至没有感官，也许心灵就是内感觉的感官。我猜想,所有语言里都会有类似于心疼、心痛、痛苦这样的表达式。没有哪个哲学家没注意到时间感是一种更内在的"感觉",或曰,时间比空间内在。康德在先验感性论里以及在诸二律背反那里并列空间与时间,但在先验想象力等更深入的讨论中,时间明显地占据了更重要的地位。在胡塞尔、海德格尔那里,不消说更是如此。

因此,五官之觉与心灵的对照、与内感觉的对照,往往可以笼统视作**内外对照**。内外有别,内与外的区分是个重要区分,自不待言。然而,内外区分服务于多种多样的目的,也并没有一条固定的界限,区分出什么在外、什么在内。传统上区分感官与心灵,往往基于某种伦理学考虑,例如区分**感官快乐和心灵快乐**,而不是在探讨这里所说的感知问题。

说到感官、感知,我们是**怎么区分内外**的?外感官长在身体靠外的部分,接受外部世界传来的信息,这两样显然连在一起:为了接受外部世界传来的信息,五官长在身体靠外的部分,——尽管较真说只有眼睛和皮肤暴露在身体表面。然而,尽管五官长在身体靠外的部分,尽管它们主要接受外部世界传来的信息,但若说到五种感觉,却不是"外部感觉"。并非我眼睛先看见了,然后心里看见。**感觉、知觉这类词总是把感官那里发生的事情和心里发生的事情连在一起说的**;而"感觉"这类词是这样言说的,这一点当然不是碰巧如此——是我看见,而不是我的眼睛看见;耳朵听到,也就是我听到了。

当然,还有种种较为复杂的情况。例如,错觉,例如,我埋头做事,忽然发现其实我一直听到走廊里有窸窸窣窣声,例如,一只土蜂在身上停了一下之后被赶走,我感到一阵疼痛,弄不清是它蜇了我还是我由于恐慌产生了想象的疼痛。这些形形色色的情况会让感觉问题即感觉概念变得相当复杂。我意识到其实我一直听到走廊里有窸窸窣窣声,并不是说,那声音一直在我耳朵里,现在传到我心里来了。错觉论证粗率地认为,这类事例提供了线索,仿佛最终分析下来,我们应当一般地把感官那里发生的事情和心里发生的事情区分开来。

外感官、"感官感知"这些提法很容易诱使我们去想,通过它们产生的感觉是在感官那里发生的,或首先在那里发生。实际上,**"感官感知"或"感官感觉"这些用语本身就十分可疑**,因为它们好像在说:"感官感知"之外,还另有一种心灵感知之类的东西。奥斯汀是这样表述的:"引入这些东西就带有如下意味:我们凡有所'感知',那里就**总**有某种**中介物**,为另外一些东西**提供消息**。"(第11页)一旦进入这个套路,就离感觉与料理论不远了。

针对上述思想套路,奥斯汀说:"我们的感官是哑的","我们的感官并不**告诉**我们任何事情"。(第11页)一般说来,**我自己的眼睛告诉我、我的耳朵告诉我、我的鼻子告诉我**等都是隐喻用法;例如**我自己的眼睛告诉我**说的是我亲眼看到的之类;**我的鼻子告诉我**说的是我凭直觉之类。

某些事情先在感官那里发生,然后传到心里,这是生理-心理学的描述方式,我后面会做较详的讨论。这里可以提到,生理-心理学描述一个连续的过程,**感官"告诉"神经、神经"告诉"大脑**,但告诉必须加上引号。生理-心理学描述并不依赖于也不引向概念上的内外两分,在这个描述中,只有外,没有内,没有"告诉我(们)"

这个短语,我(们)已经消失了。

视觉 vs. 触觉

我们反倒可以注意到,按照语言的实际用法,事情几乎是反过来的:感知或感觉总是连着心灵一起说的,感官倒不一定有感知。尤其是,我们用眼睛看,但**看见通常并不能说成是一种"感觉"或一种"感知"**——我看见院子里有个人,不能说成我感觉到或感知到院子里有个人。

好,就来说说眼睛。对人来说,在很多意义上,眼睛是高标特立的感官。其中一个意义,哲学极关心的意义,是事物的存在与否以及对事物的清晰认识;我们有"亲眼看见"、"眼见为实"这样的熟语,**清晰**这个词,主要用于视觉,多多少少可以用于听觉,几乎不能用于嗅觉。**视觉和听觉是最突出的外感觉**。眼睛一般只能看到外面的东西。

跟视觉相对的一极是触觉。它多方面与看形成对照。看和眼睛整齐对应,与别的感官和感知方式明确区别,然而,刚刚说到,"触觉"就没有与自己整齐对应的感官。我们是用皮肤来感觉压力和撞击的吗?反过来,皮肤也不是专门用来感觉的。此外,周身上下各个部位的触觉能力相差很多。实际上,我们把"触觉"和视觉并列的时候,已经离开日常用法有一段距离了——"触觉"概括了触、摸、按、压、碰、硌、疼、隐隐作痛、痒痒、舒服不舒服等等。

这些纷纷杂杂的"触觉",可以做出不同的分类,最重要的,在我看,是主动与被动之分。与此相应,触觉意义上的敏感有两个很不一样的意思。有些部位,一触碰就会很痛、很痒、很难受,但它们几乎分辨不出什么东西触碰了它们。另一方面,**手指头**的敏感在于它们能摸出各种各样的东西——天鹅绒还是亚麻布？木板是否刨平整了？它们的触碰方式也不同,手指头通常是去触碰,后脑勺和大腿外侧通常只会被触碰。实际上,我们通常用手去**摸**,而不是去触;反过来,除非被捆着被压着浑身不能动弹,我们不会用大腿外侧去触碰以获得某种感知。触觉中,手指头的触觉差不多是外感觉。身体某个表面部位感到痒、感到疼、感到别扭,我们经常会去看一眼,或(尤其那些眼睛看不到的部位)用手指头去摸一下,以便确定这个痒痒、疼痛、硌是由外物引起的抑或只是有那么种感觉。

在触觉这里,在疼痛感这里,**外感觉和内感觉的界限变得模糊起来**。背部的溃疡导致我感到疼痛,这是内感觉还是外感觉呢？牙疼,可能是牙体受伤,也可能是牙髓发炎。胃疼是内感觉,但除此之外,它与背部的疼痛、牙疼有哪些重要区别？体内和体外的区分,并不那么鲜明。**区分内外**,也不一定是区分体内和体外,倒**往往就是区分真实、正确的感觉和错觉、幻觉等等**。我觉得冷,通常是因为天冷、屋里冷,但这次却因为我自己感冒了。区分这两类情况当然重要,但把这说成外感觉和内感觉之别,皮肤外层的感觉还是皮肤里面的感觉,最少说,不是那么中肯。

我们可以置身事外地看,单单为收集外部世界的信息看。**看格外理智、理性**。描述事物,差不多等于说用视觉意象来描述。我们可以把一样东西看得很清楚,但没什么感觉。(所谓视觉艺术作品,部分地在于让视觉重新有感觉。反过来,嗅觉等等缺乏复杂的智性因素,我们无法把它们做成艺术作品,格雷诺耶谋杀的那些少女不止芳香袭人，她们是一些容貌美丽的少女。）我们可以看到很远距离的东西，即使那是样危险的东西，我们也还有时间做考虑。客观，这个词把客和观连在一起。

触觉就不像看那么客观。你可以漠然地看，无动于衷地旁观，而你嗅到什么、尝到什么、触到什么，几乎都会做出即时反应。你撞上什么东西，一般来说，你首先关心的不是你撞上了什么，而是不管你撞上的是什么，你先避开它再说。即使气味不引致即时的身体反应，通常也会带来情绪上的较强反应。在这一点上，听觉间于视觉和味觉之间，听觉对收集外部世界的信息非常重要，同时也是让我们沉浸在自己的感觉中的一种重要方式。

感觉语词的错综联系

我们已经看到，**五种感官或感觉之间的差异非常大**，关于它们的语汇错综复杂。在另一个层面上，感觉、感知、感到、觉得、知、知道、意识到、知觉、觉知、感、感情、情绪等等，更是盘根错节；它们不仅跟外语词汇完全无法一一对应上，而且，这些语词之间的概念联系解说起来也相当困难。但我们至少可以注意到，感、觉、感觉不是那么条分缕析，而是**有点儿笼统、有点儿隐隐约约**。在日常语言中，我们并不把看叫作感觉。上面说到，我看见院子里有个人，不能说成我感觉、我觉得院子里有个人。嗅、尝、触则多多少少可以说成感觉。看不能称为感觉而嗅、尝、触可以称作感觉，嗅、尝、触不像看那么客观，这两个方面连在一起——感觉不那么客观。感觉没有看那么高的清晰度，感觉在它自己和最终判定之间留有余地。我们有五官一说，没有五感一说；只是**第六感**这个用语隐示五官之觉是五种感觉，碰巧，第六感正是一种典型的感觉，有点儿笼统、有点儿隐隐约约。

通过对五种感觉的初步考察，我们也许已经感觉到，我们平常并没有明确划分五种感官感知，所谓五官、五种"感知"中的 **5 这个数**，并不那么确定。看、听、嗅、尝这四种挺明确的，摸、触、隐隐作痛等等是不是该归为同一种感觉就不那么清楚了。我们恐怕也感觉到，日常语言把看和听分开来，或者说，我们把各种各样的看统称为**看**，道理相当明显；但日常语言**不大需要把这些感觉归为一类**，并且用"对外部事物的感知"来界定这个类，从内外这个维度来看，这些感觉相差很大。重要的区分好像不在于，我看你用的是一个外部感官，眼睛，我感觉胃疼用的是一个内部感官。至少，这不一定是最基础的区分。我是看到还只是感觉到（关于看到和感觉到的报道各有多客观）？我单单只是看见抑或我有所感觉地看见？在何种意义上一种感觉是间接的？这些区分至少同样重要。

为了某种论理目的，我们也许可以分出五种感觉，可以把它们归为一个类，可以在内外这个维度上区分各种感觉。但在这样做的时候，尤其在依据这种做法开始去进一步论理的时候，我们必须记住我们在这样做的时候曾有的勉强之处，我们曾忽略了哪些、人为规定了哪些，等等。例如，我们可以笼统地把看、听、触都叫作感知。(**感知**不是日常用语，是个较纯的论理词，论理家对它的使用有较大裁量权。说**看是一种感觉**不如说**看是一种感知**。)奥斯汀在讨论**直接感知**、间接感知、证实等等的时候，就考虑到了不同感官感知间的差别，例如，我们可以说间接看到，但很难设想什么叫"间接嗅到一种气味"。(第 17 页)触到，在一种意义上，是直接的感觉——我们直接就有了感觉。嗅到在很大程度上也是这样。**在另一种意义上，它不直接**——不知道发出气味的是个什么东西。视觉则相反，我看到那个东西，就"直接"知道那是个什么东西。再如贝克莱"感官不做推论"这一警句，瓦诺克在论证我们说"我听到一辆汽车"这话时是从某些声音进行推断，(第137页)奥斯汀注意到，瓦诺克选择了听觉，"这就微妙地加重了这种不牢靠的气氛"。奥斯汀承认，"单凭声音，的确经常真的是我们在说听见什么的时候做出了某种推论。"(第138—139页)但我们不能轻率地把这个结论转移到视觉上。① 另一些哲学家后来也注意到这个差别，例如，我们既可以说 I heard a car，也可以说 I heard the sound of a car，既可以说 I smell a rat，也可以说 I smell an odour，但我只能说 I saw a car，不能在同样的结构对照上说 I saw the? of a car。②

概括与两分

"过度概括"和"简单两分"

对于艾耶尔所采用的**物质事物**一语，奥斯汀提出质疑："钢笔

---

① 我们听见有人在门外发动汽车，最多能像奥斯汀那样说，"经常可以说是做出推论"，究竟是否推论，还待进一步考虑。看见雪地上有兔子的脚印知道有兔子跑过去，看见荒岛上有可乐瓶子知道有人来过，这些都是做出假定或推论吗？需要对推论一族概念做更细致的考察。

② G. J. Warnock ed. *The Philosophy of Perception*, Oxford University Press, 1967年，第8页、第18页。汉语大概可以勉强说**我闻到了葡萄酒、我听到了汽车**，但更自然的说法是**我闻到了葡萄酒的味道，我听到有汽车(来了)**。

异于虹霓,虹霓又在很多方面虽非在所有方面异于视觉后像,视觉后像又在很多方面虽非在所有方面异于银幕上的图像。"(4页)在讨论 real 一词的含义或用法的时候,奥斯汀批评说,哲学家在这类场合总是"试图给予**唯一一种解说**","在着手说明一个词的用法的时候,只考察它实际用在其中的极少一部分上下文而不认真考察其他的上下文,这总是一种致命的错误。"(第 83 页)说到哲学家为感知提供的理论,奥斯汀评论说:"感知的实际状况,不仅就心理学家所揭示的而言,而且就普通凡夫留意到的而言,也都比哲学家一向所认可的远为更多样更复杂。我想,无论在这里抑或别处,摈弃一体化的积习,摈弃根深蒂固的对外观整饬的两分法的膜拜,至关重要。"(第 3 页)这是同时在批评过度概括和整饬两分。艾耶尔把错觉分为"性质上欺幻的"和"存在上欺幻的",奥斯汀批评说,这是虚假的二择一:他举出饵鸭、染过的头发、人造奶油等等事例,在这些情况中,我们感知的东西是不具有它好像具有的性质呢,抑或我们好像感知到的东西并不真的存在?(第 79—81 页)

一体化(Gleichschalten)大致相当于维特根斯坦所说的**过度概括**。维特根斯坦对"**所有的**工具都是用来改变某种东西的"、"语言中的每一个词都指称着某种东西"这类论断提出异议:①尺子改变的是什么?"嗳嗨伊呀嗬"指称什么? 总不能说:**巩俐**指称巩俐、**正义**指称正义、**嗳嗨伊呀嗬**指称嗳嗨伊呀嗬。不同种类语词起作用的方式都用"指称"这个说法统一起来了,它们作用方式的重要

---

① 维特根斯坦,《哲学研究》§ 13、§ 14。§ 11—12 谈到多种多样的工具、把手。§ 23 和 § 27 谈语言游戏的多样性。

差别却依然在那里。就像你尽可以一网打尽,称所有人都是自私的,但自私和无私的差别并不因此消失,我们仍然需要在"自私"这个大类之下区分我们平常所识别的自私和无私。

维特根斯坦反对过度概括,多半是针对共相思路而发,从而提出家族相似等概念来加以校正:不要以为只要我们有**游戏**这个词,就认定凡我们称作游戏的事物就必定有共同点,或我们是由于它们的共同点而把它们称作**游戏**。奥斯汀本书反对一体化,着眼点有所不同,**多半把它与外观整饬的两分法**(tidy-looking dichotomy)**连在一起**批判。例如,他批评艾耶尔的"可靠无欺经验和欺幻经验"的"简单两分",称"根本没有什么根据把所有所谓的欺幻经验都包在一起,同样也没有什么根据把所有所谓可靠无欺经验包在一起"。(第 48 页)后面会讲到,实际上,哲学家所做的概括总是与两分连在一起的。

奥斯汀反对过度概括和简单两分,他书中的具体分析简直势不可挡,使一些简单两分破碎不堪。另一方面,我们由于他的毁灭性分析更加感到困惑:我们竟可能避免概括和两分吗?如果不能,怎么一来概括就过度了、两分就只是外观整饬?**感官感知**是个概括用语,**视觉**不也是个概括用语吗?奥斯汀反对把所谓的欺幻经验都包在一起,把所有所谓可靠无欺经验包在一起,指出所谓欺幻经验实包含种种不同的情况。然而,诚实,以及虚伪,不也各自包含种种不同情况吗?**诚实**和**虚伪**这两个词却把它们分别包在一起,并且形成一种两分。**男人**这个词把形形色色的男人包在一起,**女人**这个词把形形色色的女人包在一起。我们讨论哲学和科学的区别时,是否已经陷入了过度概括和整饬两分?奥斯汀自己不也做出不少概括和两分吗——例如他对记述类话语和施事类话语的区分？

自然语词与概括层次

先说概括。

当然不可能一般地反对概括。奥斯汀对"物质事物"这个概括的驳难让我们想起维特根斯坦所言"我教诲差异"。这话若凭空而来，难免让人生疑。钢笔当然异于虹霓，但派克笔也异于我手头这杆廉价钢笔啊？差异到何时了结？

概括和差异的最通常的平衡点，不必我们费心去找，它们就在自然语词那里。桌子、desk、table、人、man、woman、虫子、insect、worm、走、跑、跳、walk、run、go。也许，我们会用这些语词做出过度概括，但这些语词本身不像是过度概括语词，实际上，我们甚至不大觉得他们是些概括语词。

不过，人们也许会有异议：自然语词并不在同一个平面上概括啊，上海人、男人、人、动物，它们是些不同级别的概括。我认为，关于概括本身，还存在着很深的误解。我们的语词，有些比有些更概括，例如**中国人**比**上海人**更概括，上海人都是中国人，中国人不都是上海人。但从这个角度来看待这两个词，只是一个角度而已；**男人**、**上海人**、**运动员**、**大学生**、**飞人**，这些词不止是刘翔的类；**中国人**这个词，主要并不是用来概括上海人、河南人、广东人，表示这些人的类。这些语词，像所有其他语词一样，是用来说话的，描述这个世界，讲述道理等等。**中国人**像**上海人**、**男人**一样，从不同角度说到刘翔；就此而言，**这些词都是平级的**。上海人、河南人如何如何，不同于鸟类都是卵生的,并不意味着 $\forall x: P(x)$。只从或主要从概括程度着眼来看待**上海人**和**中国人**这两个词的关系,是**逻辑学误导语言反思**的一个重大实例。

狗在花园里跑和**物体在空间中运动**的确不在同样的层面上;但这还不仅仅是,我们平常在 basic level 上说话,而**物体在空间中运动**则在更概括的层面上或曰 super level 上说到这件事,——这还是主要从概括性着眼;实际上,我们从不在类似于**狗在花园里跑**的意义上说**物体在空间中运动**;**物体**、**空间**、**运动**这些词在日常语言中有它们各自的含义,如果我说**物体在空间中运动**,那么我主要不是在更概括的层面上说这件事,而是在另一个意义上说这件事,是在使用**物体**、**空间**、**运动**这些语词反思式地陈述现实,理论地陈述现实。

概括与说理

道理本来意在沟通不同经验,说理总是说比实际情况更高的道理。就此而言,说理通常采用较为概括的用语,其实难免。企业管理课程论及企业高管与中层领导的关系,中层领导和职员的关系,你不能泛泛质疑说:每个企业的高管都不一样,不同部门的经理有不同的特点。

按照流行的哲学观,哲学有别于一般说理的地方,在于哲学讲述格外普遍的道理。据此,哲学家难免需要概括程度极高的语词,例如物质/精神,物质是馒头、木材、身体、金钱的总名,概括了这些东西的共同点或曰共相,精神则是意图、念头、爱情、幻觉的总名。哲学家造出**感官感知**这个用语,用来概括看、听、触等等。

沿着这条思路想下来，我们会碰到种种困难。彩虹和视觉后像算不算物质？馒头、木材、身体、金钱、彩虹、视觉后像的共同点是什么？赫斯特说，它们都是物理性的事物，但从物理学视角来看，什么不是物理性的事物呢？当然，它们都具有物质性；这就像说，所有大的东西都有一个共性，那就是它们都大。不管你是否当真认为这么说挺有意思，你大概能够看到，这不同于说所有金属都有导电的性质。

上述思路严重误解了**物质**之类的"概括语词"或"抽象语词"。如上节所说，在反思语词作用时，人们的眼界似乎不肯超出归类，不肯超出概括程度和外延大小。**门口站着两个人**和**人是理性的动物**，在什么意义上，我们会说两句话里的**人**概括程度相同？

正如中国人、运动员、世界冠军主要不在于给刘翔归类，而是从各种不同角度说到刘翔，物质或物质事物主要也不在于把馒头、木材、身体、金钱归为一类，说它们都有一个共性，即都是物质，仿佛像说金属都有导电的共性。物质/精神是从一个特定角度说到馒头和金钱，颇像大小从一个角度说到成人、孩子、山川、性情，**大**不是太平洋、孔子和大恶棍的类。**物质/精神、感知、理、器**这样的语词，我称之为论理词，它们的功能不在于通过概括形成更高的类，而在于用来论理。在一个论理传统中，它们提供了相对稳定的视角，就像在日常语言中，大小多少提供了看待各种事物的恒常角度。**物质/精神、理/器、功夫/本体**这些角度的内涵，来自我们的自然理解，但通过这些语词稳定下来的视角，则在不同论理传统中各自有别。中国论理传统和西方论理传统可以对话，但两个传统鲜有对应得上的论理词。

"哲学道理"的确具有普遍性,但其普遍性并不来自更高程度的概括,而是来自哲学关注的是普遍的概念。真假、表面与实质、人与自然,这些是我们思考无论什么事情都要用到的概念。你哪怕思考一件很局部的事情,比如你是该考研究生继续学业还是立刻找份工作,也总是渗透着这些普遍概念。把真假视作真币/假币、真品/赝品、真性情/虚伪之上的更高的类、更抽象的概括,完全不得要领。很难设想有谁建立一个更高的类,以便得出更加普遍的道理。哲学和科学理论都不来自概括。万有引力学说是机制之学,不是靠概括各种有吸引力的东西产生出来的。力学中**力**这个概念不是马力、药力、想象力的概括。哲学是反思道理之学,其核心在于考察那些无所不在的概念。

可见,"概括到何种程度比较合适"或"怎么一来就过度概括了"是些没头没脑的问题;概括到何种程度比较合适当然要看你打算干什么,只能依具体讨论的问题来定。自然语词有一些现成的概括程度的语词供我们挑选,论理传统也提供了一些相对比较现成的语词。你若要说一个特别的道理,你尽管选取一个概括层面来营造你的语词。当然,像我们平常说话那样,我们一般用不着自造语词,我们可以编一个短语,例如,把视觉和听觉叫作远距离感知,把嗅觉和味觉称作近距离感知——如果分出远距离感知和近距离感知能揭示出什么我们平常看不清的道理的话。奥斯汀把话语分成记述类和施事类,这个区分展现出关于话语的一些重要道理、基本道理,因此适合于为它们造出专用的词来。

讨论感知时,为了揭示出什么我们平常看不清的道理,你不妨区分感知到其实在的东西和有感知而背后没有实在的东西。你甚至可以用**错觉**或**幻觉**来称有感知而背后没有实在的东西这类情形。不过,请记住这里的**错觉**或**幻觉**不是我们平常所说的**错觉**或**幻觉**,而是一个人工定义的语汇,意思是**有感知而背后没有实在的东西**。显然,这不是我愿意推荐的论理方式。奥斯汀的相关批判,充分揭示了这种方式是产生混乱的一个主要根源。

奥斯汀对**物质事物**这类概念的异议,并非在泛泛主张"事情比通常想象的更复杂"、"被认作同一的东西其实还有细微差异",泛泛提出的这类论断永远是对的,因此是无聊的。奥斯汀列举"物质事物"所包含不同种类之间的差异,正是在"物质性"这个维度上的一些典型差异,提出这些差异,为讨论何为实在性提供了极好的入手点。奥斯汀对**感官感知**、**物质物体**提出质疑,字面上落在"过度概括"上,其支持性的理由则是艾耶尔就"物质物体"所说的那些道理,实际上并不适用于他归到这个族类的很多东西。

到这里,我想说,"**过度概括**"和"**简单两分**"都是通俗提法,"过度"概括和"过度"简单化当然都不对。不过,就这里的事绪来说,概括程度几乎不相干,要点原不在于艾耶尔关于直接/间接等等所说的只限于视觉的一些事例而不适用于其他感官感知,要点在于他关于直接/间接等等所说的,即使适用于视觉的某些事例,它们也引不到感觉与料的结论上。

两分与分类

第一节说到,哲学家所做的概括与两分联系得非常紧密。因为哲学家的概括是有**针对性**的:把林林总总的东西概括为物质事物,是要与感觉与料形成对照。我们并没有**感官感知**这个用语(对照:我们有**游戏**这个词),我们发明出一个用语来概括视觉、听觉等等,是要与内感觉或心灵之知加以对照。哲学家做出的概括多半都是两分型的概括,概括与两分可说是一件事情的两面。

我们要理解一物一事,经常要**对照另一物另一事来理解**,换言之,我们常通过两分来思考、言说。诚实和虚伪、精神/物质、共相/殊相、集体/个人、正确/错误、大/小、有营养/没营养、有用/没用、牛/不是牛。当然,上面列举的,并不是同样的两分。例如,实数与虚数没有中间状态,有营养和没营养则形成一个连续系列。再例如,若像艾耶尔那样,把看到分为两种情况:我们看到的东西真的存在 vs. 并不真的存在,那我们就须注意到,这两种情况是不对称的,笼统言之,这一两分属于常规与特例的两分:我们看到的东西真的存在是正常情况,我们看到的东西并不真的存在是正常情况的偏离。这种特定的两分有种种特点,例如,自然语言给这些特例一些特别的名称:错觉、幻觉、海市蜃楼,却并没有给正常看到的情况什么特别的名称;我们能够问在何种情况下我们看到的东西并不真的存在,却不能在同样的意义上问在何种情况下我们看到的东西存在。关于这些,奥斯汀做了一些讨论,但未展开。总之,**有好多种两分**,要把这些种类的两分梳理清楚殊非易事。

我们的语言中有很多两分词,或曰反义词,大小多少上下来去。有些词,可称作准反义词,诚实/虚伪、精神/物质、集体/个人。我们还会临时按照需要随时做出一些两分:戴红臂章的和戴黄臂章的、历史的和数学的。**凝固在自然语词中的两分,可说是自然的两分**。否则,可说是人为的两分。上文说到,哲学家所做的概括,一般是高于自然语言层面上的概括,相应地,哲学家的两分,一般是人为的高于自然语言层面上的两分。为什么要做出这种两分？例如，外感官 vs. 内感官？几乎只有一个目的：**揭示或彰显一些我们不知道的或忽视了的道理**。这已经意味着，这种揭示或彰显，总是有针对性的。把话语分为陈述式话语和施行式话语，针对把语言统统理解为描述这一错误主张。如果你从来不抱这种错误主张，把话语分为陈述式话语和施行式话语就多此一举，因为人们在最朴实的话语实践层面上从来就知道这种区分，知道你（在哪些情境中）说哪些话是在向我做出承诺、是在命令我、请求我，说哪些话只是告诉我一件事。

奥斯汀敏锐地揭示出，艾耶尔之所以概括出物质事物这个类，只是为了与感觉与料对照："'物质事物'这个表达式在这里或在别的任何地方都没有被给予别的角色，除非要给'感觉与料'当陪衬，肯定谁都从不曾想到要把普通人说他'感知'到的所有东西都归为单独的一类东西。"（第8页）不过，据以上所论，仅此一点并不表明这个概括是过度的或无理的。

此外，如上节所示，**物质事物**首要地并不是一个类名。一般说来，**两分是两分，分类是分类**。我们有大小多少上下来去这些两分，但我们并不是要把天下的东西分成两类，一类是大的一类是小的，一类上行一类下行。大不是事物的类。大的事物，除了大，没有共同点，若说大的就是强的，那也只是说明大和强这两个概念有联系。精神和物质是"整齐对应的"，这只是说，有一些是典型地我们称作精神性的事物，或典型地称作物质性的事物，而不是说，天下的事物可以清清楚楚归入精神事物类或物质事物类。

奥斯汀说："我们'感知'到的不是**唯一**的一类东西，而是林林总总、纷繁各异的事物;它们的数目即便可以归约化简,那也应是科学研究而非哲学思考的任务。"(第 4 页)这话单独拿出来,并无错误,但实际上是把两分和分类胡乱混在一起了。这个错误把批评者引向了更远的歧途。有一位 Keith Graham,批评奥斯汀分割了哲学和科学,仿佛科学只管事实而哲学只管理论,批评奥斯汀忽视了科学在感知方面的研究成果。"感知对象该怎样分类,这个问题必须借助已知的经验资料、在相当一般的和抽象的层面上进行,而我看不出为什么哲学家和科学家不可以都对此做出贡献。"他继续批评说,奥斯汀本人也不是不分类,他断言我们不感知感觉与料,从而减少了一样我们所感知的事物的种类——"而他这样做,并未借助于科学"。① 尽管奥斯汀在这里有点儿混淆,但谁会想到,他对感觉与料概念的驳斥是要"设法减少我们所感知的事物的种类"? 实际上,无论哲学家和生理-心理学家,谁都没打算为所感知的事物的种类"做出贡献"——他们都不是在为所感知的事物归类,生理-心理学在探索感知的过程,哲学在探索感知概念(感知语词族的概念考察)。

  为了说明某个道理,我们蛮可以做出如下区分:有时,我们看到的东西真的存在,有时它并不真的存在。这一两分,不是对看到的东西的分类,而是借以探讨**看**这个概念的一种途径,探讨正常的看见、错觉、幻觉、海市蜃楼等等概念之间的差别和联系。并没有什么东西原则上禁止这一两分,需要分析的是怎样通过这一两分

---

  ① Keith Graham, *J. L. Austin: A Critique of Ordinary Language Philosophy*, The Harvester Press, 1977 年, 147 页。

来进行论证的具体途径。艾耶尔的论证进路是：从我们看到的东西有时真的存在/有时并不真的存在这一两分（这一两分的性质如上述，是常规与特例的两分）开始，转进到另一种两分，直接看见的东西即感觉与料与间接构造的东西即物质物体，从而进入了现象/本质的一般哲学理论。奥斯汀则力辩，艾耶尔的论证是通过一系列概念混淆和偷换进行的。

我们看见的是什么？

我们并不打算去为"我们感知的究竟是哪一类东西？"提供答案。（第4页）奥斯汀不止一次在反对过度概括的方向上提出这样的声明。奥斯汀较早专门写过一篇文章探讨此点，大意说，我们通常只能问：什么是这个词的含义，不能泛泛问：什么是一个词的含义。[①] 在眼下这本书里，他对"什么是实在"这类问题提出相似质疑。

把我们普通看见的东西归为一类，的确很奇怪。如奥斯汀强调，我们看到形形色色种类的东西。就此而言，**你(现在)看见的是什么**是个通常问题，而**什么是我们看见的东西**是个古怪的问题，没有意义的问题。当然，我们可以这样回答"我们看到的究竟是哪一类东西？"：看见的东西、所见。见所见、言所言、知所知，它们有时像"朋友就是朋友"这种表达式，是一种特别的说法，否则，就没有意义。

[①] 奥斯汀，"一个词的意义"，载于 J. L. Austin, *Philosophical Papers*, Oxford University Press, 1961年。特别参见 25—29 页。

然而，什么是一个词的意义难道不是语言哲学的核心吗？难道哲学家们都在追问一个没意义的问题吗？什么是一个词的意义与什么是这个词的含义不是一个并列的问题，也不是要对所有语词的含义做出概括（那将是明显荒唐的），而是在问**含义**这个词的含义或意义。艾耶尔问：什么是我们看到的东西？我们并不是这样来回答这个问题：我们看到桌子、树、人、星星、彩虹、水蒸汽、海市蜃楼、后像（**看到后像**是个可疑的搭配），然后找到所有这些东西的共同之点，或按照某些共同之点来把这些东西分类。显然，这些东西有很多种分类方式：彩色的和黑白的，动的和静的，大中小，固体、液体、气体，动物、植物、无机物。毋宁，**什么是我们看见的东西**？这个问题问的是：**看见的含义和意义是什么**？我们有无数的方式把看见的东西加以分类，但**其中只有一些分类和看见的含义和意义有关**，最明显的，例如，区分亲眼看到的和在照片上、电影上看到的，区分有形体的和无形的。其次，彩色的和黑白的；就某些目的来说，动的和静的。错觉、幻觉、海市蜃楼等等的差别和联系，也可以是关于**看**的概念探究。直接看见与间接看见也属于这种"分类"。而人、动物、植物、无机物则与看、看见没有概念联系。

看的概念探究**看见的**东西，而非看见的**东西**。直接看见与间接看见、彩色的和黑白的，标识的是概念的二元性，若说"分类"，委实不是一般意义上的分类。上一节指出，当奥斯汀说到该由科学而非哲学来归约化简我们感知到的东西的种类，他已经开始把我们引向歧途。关于"看见的东西"的"分类"，一类意在揭示"看见"的概念结构，一类是关于东西的，与"看见"没有直接联系。实际上，没有人探究看见的**东西**；那无非意味：探究这些东西；这些东西被看见而不是例如被摸到，了不相干。

自然语言分析的效力问题

应对语言分析攻势

我从来没有直接看见过猪，我看见的只是猪的符号，我看到的是那是猪的证据，我推论那是一头猪，我永远不能最终证实那是一头猪；奥斯汀把这些说法摊到我们前面，让我们明明白白所有这些说法都不对，实际上都是可笑的说法。

面对语言分析的强大攻势，防守方有种种策略。一、你对日常语言的理解是正确的吗？是唯一的吗？二、日常语言就不错吗？三、我说错了，但没有看错、想错。四、在日常意义上的确不能这样说，但我是在理论意义上、哲学意义上、逻辑意义上这么说的。

一、你对日常语言的理解是正确的吗？是唯一的吗？这种争论有时发生，但在眼下这一例中很难采用，奥斯汀近乎无可疑问地展现了艾耶尔对一系列语词的用法是错误的。而且，奥斯汀不止一次指出，多数语词有相当稳定的用法，关于怎样用对用错并无很大的争论余地。

二、日常语言就不错吗？这时，我不否认你正确地解说了日常语言的含义，我对日常语言本身提出疑问。但是，在什么意义上我们能说日常语言弄错了？大家都把**差强人意**理解为勉勉强强，在一个意义上，大家错了——我们通常承认应该在原始意义上使用。这时候，我们并不是说日常语言错了，而是大多数人弄错了。在哪些情况下可能大家都错而一个人是对的,在哪些情况下不可能如此,这个问题不限于语言、日常语言,它是个一般的问题而且很有意思的问题,尤其在伦理学中;我们这里放过不论,我只想指出,如果是我对而大家错,一般说来,我需要说出理由,反过来,则大家无须有什么特别的理由,或曰,大多数人如此认为,这本身就是理由。

以上两种,都是不承认自己错。下面两种,则承认,至少从日常语言角度来说,自己的确错了。

三、现在,我承认自己说错了,但我只承认说错了,不承认自己看错、想错。罗素在回应摩尔对他的特称描述语理论的批评时说:"摩尔关于我的描述语理论的论文几乎没有提出任何我有什么要争议的问题……(不过)他让我对自己漫不经心地使用日常语言感到自责。"① 这种满不在乎的口气大致是说:这里的错误只是些偶然的错误,甚至是些无聊的字词之争。偶然的错误是一时一地的错误,并不在其他场合系统重现。眼下这个争论不属此类——艾耶尔的那些说法,不是一时说得不够谨慎,不是个别误用,而是成套的说法。

四、我承认,在日常意义上,我的那些说法不成立。实际上,说到本节开始时列举的那些说法,艾耶尔很难否认这一点。但他远不打算输诚。他回应说:是的,你说得对,**在通常的含义上我们不能这么说**,然而,……然而什么呢? 在各个问题上,艾耶尔有不同的"然而"。我不打算卷入去分析艾耶尔的各种细致答辩,他总体

---

① Paul Arthur Schilpp 编,*The Philosophy of Bertrand Russell*,Open Court,1968 年,第 690 页。

上的回应是：我不是在通常意义上说的，我是在理论意义上、哲学意义上、逻辑意义上这么说的。例如，艾耶尔主张物体语言都是含混的，奥斯汀反问："这儿有三头猪"是个含混的陈述吗？（第125页）当然不是，然而，我不是在这个意义上、在这个日常的人所周知的意义上说到含混的。

不少人评论说，奥斯汀的分析尽管精彩，但与哲学问题的关系并不密切。本章不拘于奥斯汀与艾耶尔的特定争论，来谈谈这个一般的问题：**自然语言分析有多大效力**？这个问题又会把我们引向更为广阔的问题域：不是在日常的人所周知的意义上，那是在什么意义上？什么叫一个词在理论意义上、在哲学意义上、在逻辑意义上？眼下我只能眺望这个广阔的领域。

实在这个词和实在概念

奥斯汀是语言分析大家，这一点甚少争论。他自觉地运用这些"语言现象学"方法，在多篇论文中，尤其在"为辩解进一言"中，解说过这些方法。I. J. O. Urmson 的"三人谈奥斯汀的方法"一文[①]中对这些方法做过相当完整细致的综述。这些方法很值得我们了解，不过我现在要说的是，它们似乎都是语言研究的方法，与哲学有何联系，并不是很清楚。这些工作在何种意义上应该被称作哲学工作？

在奥斯汀本人看来，哲学包括多种多样的内容。蒯因很支持

---

① I. J. O. Urmson, "三人谈奥斯汀的方法", K. T. Fann（范光棣）编, *Symposium on J. L. Austin*, Routledge & Kegan Paul, 1969 年。

奥斯汀的看法,按蒯因的说法,"学科名称应该被视作组织课程和图书用的技术性辅助手段;我们最好从一个学者所探讨的问题的个别性而不是从他所在的学科来了解他。"[①]他把奥斯汀的工作叫作内省式的语义学,[②]但蒯因并不是打算说奥斯汀从事的不是哲学。在我看,这一点简单而重要。不过,即使如此,我们仍可以问:语词考察为什么不简简单单就是语言学的一部分,而要说它是哲学?蒯因的第一层回答是,这在于奥斯汀选择什么语词来加以分析,第二层回答是,奥斯汀主要是否定类型的,"语言批判是治疗式实证主义的方法,克服形而上学的方法"。[③] 我觉得,哲学固然包括多种多样的内容,但这并没有说明为什么内省语义学是哲学,因为不管怎么多种多样,总不至于无所不包。

在讨论了艾耶尔关于 real 一词的用法之后,奥斯汀总结说:"在着手说明一个词的用法的时候,只考察它实际用在其中的极少一部分上下文而不认真考察其他的上下文,这总是一种致命的错误。"(第83页)奥斯汀的训诫单独看来,确当无疑。然而,艾耶尔可以自辩说:你对 real 的日常用法的分析的确有很多精彩之处,但**通过这些分析我们就能够掌握实在这个概念了吗?我们就能够回答"什么是实在的"这个问题了吗?**我根本不是在"说明一个词的用法",我是在阐释实在这个概念,我是在哲学意义上使用**实在**这个词。

---

① 蒯因,"三人谈奥斯汀的方法",K. T. Fann(范光棣)编,*Symposium on J. L. Austin*,Routledge & Kegan Paul,1969年,第88页。
② 同上书,第86页。
③ 同上书,第88—89页。

两造好像都有道理。一方面,哲学家似乎是在讨论一些具有普遍意义的范畴,这时候,似乎无须把自己约束在语词的日常用法上;另一方面,如果我们这里说到实在,与**实在**这个词的日常用法无关乃至矛盾,似乎也不对头。

这不是奥斯汀与艾耶尔的问题,是我们大家的问题。我们在争论的时候,最常用的质疑是:没有你这么说的,或者,你这话不合逻辑;所谓不合逻辑,通常也不涉及逻辑学的专业辨析,只不过是普通意义上的"说不通"。一次,在赵汀阳家,听他主张蒂蒙的那个论题:只有好像,没有是;正好他太太回家进门,我便向在座另几位哲学家朋友打趣说,这是汀阳的太太,哦,不是,她好像是汀阳的太太。汀阳对我的争论法嗤之以鼻,说,嘉映中了日常语言方法的毒,我们平常的确说,某某是我的太太,但哲学理论恰恰是要超出平常,你引证我们平常如何如何说是驳不倒这个哲学命题的。

人们批评奥斯汀所持的立场"贫瘠不育",批评说,**奥斯汀自己没有提供出感知理论、实在理论**。奥斯汀蛮可以是个优秀的语义学家,但他并未进入哲学游戏、哲学问题。[①] 我们已经隐隐约约看到,自然语言批判的效力问题,不是一个单独的问题,它根本上是关于哲学的任务为何的问题。这个问题,我下一章稍有涉及。眼下我只粗浅地讨论一下:怎么一来,在理论意义上、在哲学意义上、在逻辑意义上,一个有趣的说法就可以不合常理,一个词的妙用就可以不受这个词的自然用法的约束?

[①] G. J. Warnock, *J. L. Austin*, Routledge, 1991年,第14页。

不平常的说法和语词用法

我们在争论道理的时候常质疑对方说：没有你这么说的，你说的不合常理，你这话不合逻辑。你可以回应说：我说的当然不是常理，常理人人皆知，有什么可说的？尼采话说："谁从不中止去经验，去看、去听、去怀疑、去希望和梦想异乎寻常之事，这个人就是哲学家。"[1]

诚如尼采所言，哲学家的思想是新闪的电光，我们不知它从何而来，有时，它直接击中我们，无需解说，甚至无可解说。"不是风动，不是幡动，仁者心动"点出了一个道理，它可能醍醐灌顶，使沉迷者顿然醒悟。但我偏没有慧根，怎么都不明白：明明是旗在动，风在吹，怎么成了我心动？"是尔心动"这种话语方式，并不对所述的道理加以论证，你不明白，你就先糊涂着，等你自己去悟。你驳斥他，他笑而不答。

但有时，一个奇异的思想需要、也可能被解说、解释、论证。我们尽可以抱怨说，学者们过度强调了解说、论证，忽视了感觉、直觉、顿悟，学者们在无需论证的地方进行繁琐的论证，在无可论证的地方编造虚假的论证。不过，我仍要说，哲学，或曰西方哲学-科学，本来主要指带有论证的思想。整个科学，都是从论证发展出来的。哲学帝国主义是不对的（不过哲学早丧失了帝国的地位，反倒在为自己的生存申辩），科学主义是不对的，但这当然并不意味着在需要、也可能给予论证的地方，我们也要拒斥论证。

---

[1] 尼采，*Jenseits von Gut und Boese*，§292。

说理里或有禅机，但不尽同于禅机。你要讲给我听的道理，固然是新鲜的道理，甚至是异乎寻常之理，但你用以说服我的道理，你所依据的道理，则是我已经接受的道理。有多种多样的论证，但大致说来，所谓论证，就是把异乎寻常之理与常理联结起来，把我不理解的东西连到我已有的理解上。

哲学旨在探入一些根本的道理，旨在澄清一些基本观念或澄清一些基本概念，例如澄清实在概念。这当然不只在于考察**实在**这个词的含义或用法。**实在**在哲学上的用法的确不完全受限于**实在**这个词的日常用法，不过，倒不如说，在哲学中，**实在**无所谓用法，**实在**在这里倒更接近于一个题目，在这个题目下，我们讨论一样东西看上去是什么样子而实际上却不是那样，讨论一个人假装在做一件事以掩饰他真正的目的，讨论一句话的真正意思，讨论一种食物的味道和它的营养。这些讨论有时要求我们考察**实在**这个词的实际用法，但远不止于此，若说考察语词的用法，我们常常还要考察**实质**、**真正的**、**其实**、**表现**、**现象**、**假象**、**假装**、**直接/间接**等等很多语词，考察一个词族。

奥斯汀强调，**看见**、**听见**、**似乎**、**真正说来**这些用语有稳定的用法；这也是说，我们对于怎样使用这些用语，甚少争论。我们如此这般地使用这些语词，意味着我们在一个基本层面上如此这般地理解世界。把异乎寻常之理连到语词实际用法之上，构成了对这些道理的最强有力的论证。反过来，揭示出论理者背离了这些基本语词的稳定用法，就揭示出他并未成功地为自己的道理提供论证。

"日常语言作为起点"

奥斯汀说,人们误解了"日常语言学派"的主张,他并不主张日常语言是最终裁判,然而,日常语言是起点。这个事绪,我是这样理解的。

日常语言是起点首先意味着,哲学问题,一开始是用日常语言提出来的,or better,我们的哲学困惑,是与我们的自然理解连在一起提出的。尝试更确切更精细地表达这些困惑的时候,尝试消解这些困惑的时候,我们也许会需要一些生僻的表达式,也许会来到违乎甚至悖乎寻常理解的结论,但这不妨碍日常语言是起点。

不过,**日常语言是起点**并不意味着,我们从常理出发推论出结论。消解哲学困惑(用更常见的话说,哲学问题的解决),以及解决任何难题都需要灵感。灵感本质上是某种新异的东西。我们不是在演算的意义上从常理出发进行推理。实际情况毋宁是反过来的:灵感袭来,我们尝试把灵感提供的启示联系到常理上,以辨明这个启示是否牢靠,是否虚幻。就此而言,是否合乎语言的自然用法,是否合乎我们平常的说法,的确起到"裁判"的作用(但顶好不用"最终裁判"这种说法)。并非我们的结论必须合乎寻常理解,必须采用日常说法,而是,我们若要为这个结论提供支持,必须也只能用自然理解和平常说法来提供支持。

关于"日常语言学派"的论争方式,无论反对者还是追随者,都有一种普遍的误解,仿佛我们可以用"我们平常从来不这么说"来反驳某个"哲学命题"。依着这种理解,的确,哲学以最简单的方式被消解了。我们平常不说万物皆动或万物皆静，我们说有些物体在动，有些物体静止着；我们平常不说知即行，我们说有人明明知道却不如此行事；我们平常都认为外部世界当然存在。我们也许打算驳斥外部世界并不存在的主张，或驳斥知即行的主张，但我们不能以"我们平常不这么说"了断。我们不能这样反驳艾耶尔：**从来不直接看到那本书**有违我们平常的说法，所以你不能主张我们从来不直接看到那本书；争点原在于，**从来不直接看到那本书**本来是你要证成的**结论**，你却把它提出来作为**证据**。

不是幡动这话点明某种异常之理，而不是对这个道理的论证。而"我们也并不直接觉知物质事物"，在艾耶尔的阐论中，"是作为我们在感知中（直接）知觉的总是感觉与料这一结论的根据提出来的"；奥斯汀于是挖苦说："从陈述这个论证本身的第一句话开始实际上就已经假设好了这个结论，这好像是个相当严重的缺点。"（第46—47页）你尽可以点明异常之理而不加论证，但你不能用异常的说法来进行论证。或者这么说：你用异常的说法冒充正常的说法来做论证，那么，你的论证就是伪论证，伪的应被揭穿。

当然，为此我们**首先须注意到我们平常不这样说**，在这一点上，奥斯汀的确长着非凡的耳朵。在诗歌中，在哲学中，我们常会遇到奇特的说法、用法，它们良莠不齐，既有警世名言，也有胡言乱语；我们既不可照单全收，也不可一概拒斥。实际情况是，不少人习非成是，对违乎常理的说法变得麻木，于是难以进一步探入事情的究竟，更有人浑水摸鱼，以为只要自己把话说得古怪，就是在写诗，就是在从事哲学了。

感觉与料理论之为形而上学理论

证据-结论模式

哲学家通常并非胡乱误用语词。他对正常用法的背离通常是系统的,这种系统背离指向一个理论。你光天化日底下看见一头猪,你不能说:我没有直接看见猪,猪不在我视野里,我看见的只是猪的符号、象征,我没看到实在的猪,我永远不可能直接看到实实在在的猪,我看见的是"那是一头猪"的证据,我推论那是一头猪,我永远不能最终证实那是一头猪,我永远应该保留一点儿怀疑。不难注意到,这种种说法,不是这里那里不小心误用了语言,或背离了语言的实际用法,它们是系统地背离。由此我们大致可以知道,这些背离背后有一个统一的计划,一个统一的理论。

什么理论呢?关于"实在"的理论,关于"实在与现象"的理论。刚才说到,"实在与现象"里的这个**实在**,与**实在**这个词的日常用法的关系若即若离。这个理论,可以题为"实在与现象",也可以采用"实在与表象"、"实在与表面"、"真实与假象"、"真实与虚伪"、"本体与现象"、"质与形"之类的名目。这些名目当然不尽相同,实在与假象接近于实在与现象,但又有些差异。论理者自己会选择特定的题目。但显而易见,这些形形色色的题目涵盖大量共同的内容,这也可以说成,"实在与表面"、"实在与表象"、"实在与虚伪"有很多共通的东西,有人愿说,共同的东西。但总的说来,把这类讨论置于何种名目之下,大致相当于作者取一个书名。皇皇巨著题名为"实在与现象",调皮的作者也可以"**果肉与果皮**"为题。在一个特定的论理传统中,"实在与现象"可能是最通行最标准的称法,在另一个传统里,也许是"本体与现象"。把很多问题归在"分析与综合"名下,在另一个论理传统中,人们会觉得颇为怪异。

具体说来,艾耶尔所要建立的或曰所要维护的是感觉与料理论。不过,不难看到,感觉与料理论与实在概念、与真实和假象之类的概念紧密交缠。海德格尔在批判感觉与料理论的时候,直指这一理论背后的实在观念:感觉与料理论借助对**直接**这个词的误用,"有意义的东西被去掉意义,而剩余为实在。周遭世界被去生活化。"①他还进一步点明:"把真正问题扭曲了的,并不如某些人所以为的那样,单单是自然主义态度,而是理论的普遍主导,是理论的优先性。"②

艾耶尔对语词正常用法的背离是系统的,相应地,奥斯汀并不止于揭示出艾耶尔对语词的误用,他揭示这些误用,是为了追究到艾耶尔的根本错误设想,即对不可能误错的知识的追求(第十章)。粗略说来,感觉与料理论主张只有感觉是真实无欺的,是实在的,因其不可能误错而不可能加以矫正,其他一切都是由感觉与料建构出来的,这个建构过程每一步都可能出错。从一个角度看,这样理解 reality,实在或真实,与古典理解一百八十度相反,因为古典哲学通常主张:感觉和现象是不可靠的,只有达乎现象背后的实

---

① 海德格尔,"Zur Bestimmung der Philosophie",载于 Gesamtausgabe,Vittorio Klostermann,56 卷,第 89 页。

② 同上引,第 87 页。

在,才算获得永恒的真理。在奥斯汀看来,这两种基本主张无所谓孰是孰非,实际上,在一个根本点上,即在主张存在着某些原则上不可能误错的认识这一点上,两者都错。

奥斯汀这一部分论述十分清楚,我略过不表。下文将从一个不同的角度来解读艾耶尔对语词正常用法的系统背离:感觉与料理论的要害是把证据-结论模式套到感知上,或曰,用这个模式来重述感知。正因为艾耶尔的种种说法都由这个证据-结论模式产生,所以,它们虽然不合通常说法,但只要你进入了艾耶尔的思路,它们似乎也就自成一统,不难理解了。

艾耶尔为什么要用证据-结论模式来重述感知?创造一种理解。借用一个熟悉的、其概念结构要点比较鲜明的模式来理解一个比较不整齐的现象领域,是一种主要的理解方式。这可以从隐喻的理解力量来看,争论-战争隐喻,水流-电流隐喻,把原子结构比作太阳系,等等。人的身体或一生是一个基本的理解模式,汤因比用人的一生来解说文明是突出的例子。我们前面说到过奥斯汀的"一体化"、维特根斯坦的"同化",现在我要说,一体化、同化属于理解的本质。关于理解的最好比喻是消化,其中的同化、一体化因素非常显明。维特根斯坦和奥斯汀所强调的差异和多样性必须在他们所针对的特定情况背景下来理解,不可当作信条。

借用另一个概念、借用某个模式来理解,这本身并没有什么不对的地方。但把证据-结论模式套到感知上,却深可质疑。奥斯汀用了一些篇幅来揭露艾耶尔"对证据观念的严重误用"(第115页及以下),不过,他多多少少是把这种误用作为一个单独的题目来处理的。我则愿强调,证据-结论模式处在感觉与料理论的核心。奥斯汀揭露出艾耶尔的说法与语言的自然说法相冲突,这是第一步。奥斯汀的工作进一步显示,这种背离自然是系统的。在我看,事情没有到此结束。首先,我们应该由奥斯汀已经完成的工作引导,勾画出这个隐含着的证据-结论模式,接下来,我们应当指明这个模式为何不能应用在感知领域。

这尤其是因为,这个证据-结论模式并不只是众多认知模式中的一个模式,它是独具一格、非同小可的模式。证据-结论模式是法庭上认识真相的方式,也是科学认识真理的方式。科学本来就在于通过理论及其允许的推论来认识我们无法直接经验的东西。大致说来,这种认知方式把我们通常的认识,即通过感知来认识转变为通过外部的、公共的证据来认识。

然而,我们在"感官感知"一章已经表明,感觉、知觉这类词总是把感官那里发生的事情和心里发生的事情连在一起说的;感知/感觉始终与感知者/感觉者相联系,可以称作有我之知,而非对象化的认识。① 对感知/感觉的哲学反思必须始终保持在有我之思的层面上,一旦把关于感知/感觉的探讨转变为对象化认识,感知/感觉就消失了。感觉与料理论恰恰试图用证据-结论模式来处理感知本身,在这个理论中,我们平常所说的感知/感觉消失了,结果当然是,当它试图用我们平常谈论感知的话语来为自己作证的时候,总是张冠李戴,造成种种讹错。

---

① 关于有我之知和对象化认识,我在"语言转向之后"一文中有较详的讨论。

生理-心理感知理论 vs. 感觉与料理论

当然,感觉与料理论并不因为采用证据-结论模式来处理感知而成为一种科学理论。为明见于此,把感觉与料理论与生理-心理感知理论放到一起来对照会颇有教益。

我们多多少少知道生理-心理学怎样研究感知,例如视觉。我们从光子开始,光子落在视网膜上,视网膜是一个巨大的光感受器联合体,它们只能接受两种信息:落在刺激野上的光子数量与它们的波长,这些信息被传导给视神经纤维,再通过神经元之间的一系列电化学反应传导到大脑皮层。对视网膜的研究相当有把握,大脑皮层的研究还很艰难。这些研究已经从心理学领域转移到了生理学中。即使我们已经完全掌握了刺激野上的信息怎样传递到大脑皮层以及它们引起了大脑皮层的哪些变化,我们还不是很明白怎么一来一个人眼中的西施却是另一个眼中的嫫母,这些问题需要求助于心理学甚至社会学。不过,在很多科学家看来,心理学只是草创阶段的生理学,是一个大箩筐,由于其原始而容纳从神经研究直到人格种类的课题,这些课题参差多样,有的已得到相当精确的研究,有的不可能得到精确的研究。

生理-心理学研究的是生理-心理过程。这个过程中的每一个环节都可以在不同层面上来描述。一般说来,物理学(广义的物理学,包括生理学,由于上段所说的情况,我们不能确定是否包括心理学)用低层面存在物的配置和相互作用来解释上一层面存在物的活动;物理学的"终极理论之梦"是一直达到物质的最低层面,夸克或弦。

哪怕对生理-心理学有最粗浅的了解，也能一眼看到，感觉与料理论与生理-心理感知理论无论从方法上还是从内容上都有根本的差异。作为对象化的认识，生理-心理学关心的是感知过程，这个过程可以分出第一步第二步，但从来不涉及**直接看到/间接看到**意义的直接间接。另一方面，我们看到，感觉与料理论则十分倚重关于直接/间接的区分，而直接/间接始终是从"我们"着眼的。导言里提到，赫斯特从一个相反的方向反对主张我们直接感知到感觉与料：根据心理学，对颜色色块的感知照样不是直接的。这是个无从说起的话头，因为在生理-心理感知理论中，没有任何东西是被直接感知到的。

生理-心理学的视觉研究从落到视网膜上的光子开始，感觉与料理论从感觉与料开始。这只是表面上的对应。生理-心理学是物理学的一部分，光子落在视网膜上不是生理-心理学视觉研究的结果，而是它从整个物理过程中截取出来的一点，作为自己的工作起点，它的整个研究都是在此之后发生了些什么。而感觉与料理论的全部旨趣则在于证明感觉与料之为起点，艾耶尔并不关心怎么从这个起点到达终点，实际上他也无从描述这个过程。这固然部分是由于，如奥斯汀指出的，他并不当真关心感知，他关心的是知识的不可能误错的基础。但从根本上说，艾耶尔所从事（哪怕以错误的方式从事）的是哲学，而如维特根斯坦指出的，哲学的目标不是描述过程：

> 必须问的不是：什么是意象，或具有意象的时候发生的是什么；而是"意象"一词是怎样用的……这个问题不

是可以通过指向什么东西得到解释的——无论对于具有意象的那个人还是对于别人都是这样;这也不是可以通过对任何过程的描述得到解释的。意象是什么这个问题所询问的也是一种语词解释;但它引导我们期待一种错误的回答方式。①

要讨论感知族语词是怎么用的,除了援引我们平常怎样谈论感知,别无他法。与感觉与料理论家不同,生理-心理学家无须援引我们平常谈论感知的话语来为自己的感知理论作证。科学意在掌握事物运动的真相,尤其是事物运动的真正机制。我看见一片红色,视网膜上、神经系统中都发生了些什么?生理-心理学研究这些的时候,不问我们平常都有哪些说法,不声称它更了解我们平常说法的深层含义,例如声称我们说红色的时候我们其实想说某一段特定的光波波长。

感觉与料理论与生理-心理感知理论的"共同之处"只在于:感觉与料理论的确错把物理学的诉求当作自己的引导。感觉与料理论的核心主张是:我们直接感知到的不是事物本身,而是感觉与料。**这个主张呼应物理学的要求:通过低层面存在物的配置和相互作用来解释高层面存在物的现象**。当然,感觉与料理论并不因此成为一种物理学理论。它只是哲学出于自身误解产生的伪科学理论,或形而上学理论。维特根斯坦说:"哲学研究:概念研究。形而上学的根本之处:没弄清楚事实研究和概念研究的区别。形而

---

① 维特根斯坦,《哲学研究》,上海世纪出版集团,2005年,§370。

上学问题总带有事实问题的外表,尽管那原本是概念问题。"①感觉与料理论正是维特根斯坦所说的形而上学理论②中典型的一个。

前面提到,不少批评者,如 Graham,认为奥斯汀过分依赖于哲学与科学的区分,赫斯特批评说,奥斯汀没有回答折射、反射、复视觉、似真幻觉这些事情是怎么发生的。然而,这些事情应该由科学也正在由科学研究,这不是清清楚楚的吗?赫斯特知道奥斯汀认为这些问题要由科学去解决,但赫斯特坚持,科学家提供的回答恰恰是他们视之为具有哲学性质的回答,即某种形式的表征理论。

我们很难否认,折射、反射、复视觉、似真幻觉这些事情是怎么发生的都是典型的科学问题。那么表征理论呢?它的确"具有哲学性质",这是说,表征理论还处在思辨阶段,上一章曾经说到,哲学的内容很广,但并不能把什么都囊括在哲学里。思辨理论则恰恰是哲学的一个重要内容。以错觉为例。一开始,我们觉得错觉之类的现象令人困惑,我们通过种种努力澄清这些困惑,其中最重要的一种努力,是通过科学方法掌握整个感知过程,建立关于感知的科学理论,一旦成功,感知领域中的很多异常现象将得到系统的解释,就像一旦有了开普勒-牛顿的太阳系理论,行星逆行、火星和金星的大冲等怪异现象都就迎刃而解。在我们有能力提出能够采用科学方法来证实/证伪的假说之前,我们会以思辨方式来解释错

---

① 维特根斯坦,*Remarks on the Philosophy of Psychology*, Vol. 1, Oxford: Basil Blackwell, 1980 年, § 949。

② 人们对"形而上学"有多种理解,维特根斯坦的理解只是其中的一种,但在我看,它的确是澄清形而上学概念的一个深刻视角。

觉是如何产生的。古希腊有些人主张，物体不断发出某种流，眼睛看到一样东西，就是接收到这样东西发出的流；有些人则主张，眼睛自身发出某种流，遇上一件东西反射回来，我们就看到了这样东西。这些都是关于视觉的思辨。这些思辨，就像德谟克里特关于原子的思辨一样，有可能隐隐约约地引导科学假说的提出。我们大概可以认为表征理论处在哲学思辨和心理学假说之间，只不过，在科学已经昌明的今天，很少有人耽于哲学思辨了，思考者通常会有意识地把这类思辨引向科学假说。①

感觉与料理论不是这种思辨，它并不能引向科学假说。它并不是关于感知过程的思辨，而是关于感知的形而上学理论。它的确使用了 data、证据、判决的一套语汇，它的确谈论感觉的可测量性和**预言价值**，而这些正是实证科学在确定事实和建构理论上的基本特征。但以上种种只是混淆了事实研究和概念研究而已。在这种形而上学理论中，要紧的是找到不可能误错的基础，其他一切，都是在这个基础上的建构。在这里，第一个环节，即感觉与料，是证据，而后面发生的事情，例如看到物体，是结论。关于感知过程的科学研究，当然采用的是证据-结论的方法，但那是就科学研究的方法而言，具体的感知过程的每一个环节都是通过观察、实验等等确定下来，没有哪个环节是从前一个环节推论出来的。前面的环节是时间上在前，而不是逻辑上更加基础。说到底，在关于感知的科学理论已经相当发展的今天，谁还需要感觉与料理论这样

---

① Jerry Fodor 在 *Language of Thought*（Thomas Y. Crowell Company, Inc. 1975）的序言中就表征理论的思辨和假说性质做了相当切实的论述。

的思辨假说？

最后,我要说,不仅哲学家会错把自己的工作混淆于科学工作,科学家也会跳出自己的研究,发表"哲学结论",即维特根斯坦意义上的"形而上学结论"。克里克原本是在讲述感知的生理过程,但他跳出来断定:"你看见的东西并不一定**真正**存在,而是你的大脑**认为**它存在。"(重点号是原有的)① 这话听起来很像是艾耶尔在说话。这当然并不表明感觉与料理论获得了科学的支持,具有了科学的根据,所表明的只是,优秀的科学家可以是糟糕的哲学家。

看见图案的周边情况

从基础的东西推论出、建构起上层的东西,还有一种稍稍不同的方式值得提到,这是瓦诺克为感觉与料理论提供论证的方式。感觉与料理论的核心主张是:我们直接感知到的不是事物本身,而是感觉与料。奥斯汀所引瓦诺克的一段论证简明扼要地解说了这一主张:

"例如,我说我看见一本书。先让我们承认,这么说一点儿都不错。但在这种情形里仍然存在着某种**直接**被看到的东西(不是那本书)。因为,无论进一步的调查是否确证我看见了一本书这个申言,无论我是否知道或认为我看见了什么,无论我走近前去会看到、摸到、闻到什

---

① 克里克,《惊人的假说》,湖南科学技术出版社,1999年,第33页。

么,此时此刻在我的视野里存在着某种有颜色的形状,或由几种颜色组成的图案。这就是我**直接**看到的东西……在如下意义上,这比那本书本身更加'基本':我可能直接看见这个由几种颜色组成的图案而那里并没有书,然而,除非某种有颜色的形状出现在我的视野里,否则我就没看见书,的确,根本**什么都没**看见。"(第 135 页)

"我们直接感知到的不是事物本身,而是感觉与料"——大多数的哲学议论是在这一层次上进行的。**感知**、**事物本身**、**感觉与料**,这些词高度概括,而且有点儿生僻,用它们表述出来的道理,听上去也像对也像不对,在很大程度上,听着对或听着不对,有赖于听者的一般立场。**瓦诺克这段话的一个好处,是降到了下一个层次**,**看**、**书**、**图案**,这些语汇属于我们平常说话的层次,其中的道理说得通说不通,我们比较容易判断。

瓦诺克认为有两个层次的看见,**我看见由几种颜色组成的图案**和**我看见一本书**。但怎么来明述这种区分呢?我们已经看到,把前一种看见叫作**直接看见**并说"我们从来不能直接看到一本书在那儿"不妥,因为我们蛮可以说**我直接看见那本书**(例如对照于在镜子里看见)。瓦诺克似乎了解那么说不妥,于是他又尝试**出现在我的视野里**这个说法。"**出现在我的视野里**的只是由几种颜色组成的图案"? 似乎好些,但仍不行,奥斯汀不依不饶,追问:那本书不也在我的视野里吗?(第 136 页)

这是一种典型的情况:哲学家觉得有点儿什么可说,但说出来总不对头。已经取了感觉与料理论立场的哲学家总觉得他的确有个道理要说。他大概得承认,日常说法里的确不能这么说;那么,怎么办?一种回应是:我有一套语言,你学会这套语言,你就明白了。核物理学家可以这么回应。艾耶尔大概认为哲学家也可以这样回应。瓦诺克则倾向于认为:我们最终要找到一种办法能用你懂得的语言把这个道理说明白。

让我们放弃**直接看见**、**在视野里**这些说法,让我们这么说:我可能看见由几种颜色组成的图案而那里并没有书,但**我不能只看见书在那里而没看见书封面上有些颜色、图案**。因此,图案是更基本的。

我觉得瓦诺克的这个论证是感觉与料理论最素朴的也是最能迷惑人的论证。奥斯汀对这个论证评论说:瓦诺克"自己承认我们可以在完全日常的、熟知的意义上说看见色块等等",而且实际上也这样说;那我们为什么现在非要说它们是**直接**被看到的,仿佛它们需要某种特殊的待遇?(第 136 页)奥斯汀的评论不大周详,我愿稍加解释。让我们设想,这次我没看见一本书,我看见的是由几种颜色组成的图案,这时我该怎么说?当然,我说"我看见由几种颜色组成的图案"。**为什么上次**我看见由几种颜色组成的图案便"推论"那是本书,**这一次我却不去"推论"那是本书呢**?设想一下这两种情况。例如,朋友拿来一张图画纸展开在你眼前,上面有一幅由几种颜色组成的图案,也许他设计的就是一本书的封面。你这回看到的一幅图案,另一回看到的是一本书,和你看到它们时的周边情况相关。

周边情况用在这里是个很宽泛的词,可以包括,我刚才把一本书放在桌上,所以我现在模模糊糊看见桌上那地方一样东西,就说

"那是本书"。那一次我只看到白点,这一次我看到那是我家;周边情况可能是,我昨天用望远镜看过,可能是,我从旁边那个树林判断出来。

你看见的是由几种颜色组成的图案或看到一本书,你是看到了不同的东西,即使你只看到这本书的封面,封面上由几种颜色组成的一个图案。在这个意义上,**这两种看到的情况是并列的**,而非图案比书"更基本"。

感觉与料论者的基本思路是:我直接看到图案,由图案推论出书;换言之,看到图案和看到书是两个层次上的看。奥斯汀的基本思路是:在一种情况下,我看到图案,在另一种情况下,我看到书;换言之,看到图案和看到书是两种并列的看。区别只在于,**书是比图案更多维度的存在物**,看到"这是一本书"比看到"这是一幅图案"在更多的方向上可能弄错,例如,所看见的东西其实是平面的而非立体的,例如,它其实是做成书模样的装饰品,我们很容易理解什么叫"不是书却做成书的模样",在家具展销会上有很多这种东西,但不容易理解"不是图案却做成图案的样子"。

这里的争点也可以这样表达:感觉与料论者的看**隔离开周边情况看图案和书**,奥斯汀的看是**连同周边情况看到图案和书**。在谈到小细棍半浸在水里时看上去弯曲的时候,奥斯汀提醒说,"这个事例的特点是,小细棍有一部分在水里,而水当然不是看不见的。"(第53页)"我听到一辆汽车"这一例(第137页)的争点相同。奥斯汀说:这个说法是否可能错误,并不在于我使用的话语的形式,而在于我把它用于何种环境之中。瓦诺克想的是:我听到像汽车那样的声音,而**除了这种声音外**就没有任何其他线索。奥斯汀问道:但若我先已经知道外头有辆车呢? 如果我实际上能看见它,甚至也许还能摸到它、闻到它? 同样,我们并非泛泛教给孩子这些小银点是星星,而是夜空中的这些小银点是星星。

奥斯汀非常强调周边情况,维特根斯坦也是。无独有偶,海德格尔一直强调要从生活世界、周遭世界开始,在本章第一节引用的那两段话里,他把"周遭世界被去生活化"与理论还原论加以对照。虽然我不可能在这里展开这个话题,但可以提示,这几位哲学家都明确意识到,哲学的目标不是提供某种理论,从无周边环境的元素开始建构什么,哲学说理始终是把生活世界考虑在内的。

奥斯汀在治疗观上与维特根斯坦的比较

本文时不时谈到维特根斯坦。哲学史家把维特根斯坦和奥斯汀都归入"日常语言学派",两个人的确有不少共同之点,例如,我们前面提到,两人都特别反对"过度概括"。比较他们两个的同异之点会是一项颇有意趣的工作,不过,这里我只打算集中谈谈在"哲学治疗"这一方面两个人的异同。

众所周知,维特根斯坦把哲学的任务看作思想治疗:"哲学家诊治一个问题;就像诊治一种疾病。"①"我们使用'哲学'这个词,指的是一场反对由语言表达方式施与我们的魔力的战斗。"②维特根斯坦要治疗的哲学病多种多样,但核心的哲学病是建构理论的冲动和做法。传统上,哲学的目标好像是建立理论,乃至"哲学"和

---

① 维特根斯坦,《哲学研究》,§255。
② 维特根斯坦,The Blue and Brown Books,Harper Torchbooks,1958年,第37页。

"理论"在很多场合同义;直到今天,这也是很多人对哲学的理解。然而,维特根斯坦却说:"我们不可提出任何一种理论。"①这不是一个出于偏好的禁令,而是考察哲学和理论两者的本性之后得出的结论。哲学理论的建构,借的是我们的语言表达式施与我们的魔力,借的是对语言表达式的曲解、偏离和误用。治疗的途径,在维特根斯坦看来,是通过描述语言的正当用法。

奥斯汀这本书提供的大量事例几乎在为维特根斯坦的上述论断提供支持,展示了艾耶尔怎样通过对语言表达式的曲解、偏离和误用来论证感觉与料理论,同时,奥斯汀尝试通过描述语言的正当用法来解构这种理论。不过,奥斯汀在何种程度上分享维特根斯坦在总体上反对哲学建构理论的主张?② 他会同意思想治疗是哲学的一个重要任务;本书即是哲学治疗的一部典范之作。第一章末尾,奥斯汀从否定的方面和肯定的方面说到自己这本书。他先说否定的方面,这也是这本书的主题:拆穿"错觉论证"这一类错误论证,瓦解感觉与料理论这一类错误理论。显然,奥斯汀对"哲学理论"同样抱有高度警惕。而且,通过语言分析实施治疗正是他的实践。蒯因论及奥斯汀哲学时说,"语言批判是治疗式实证主义的方法,克服形而上学的方法"。③

"仅仅"作为驳论,这本书已经足够重要,因为奥斯汀所批判的

---

① 维特根斯坦,《哲学研究》,§109。
② 即使奥斯汀表明了艾耶尔等人的感觉与料理论是无意义的,他也未表明无法以其他方式建构感觉与料理论。即使他表明了这一点,也不表明其他的哲学理论是无意义的。
③ 蒯因,"三人谈奥斯汀的方法",K. T. Fann(范光棣)编,*Symposium on J. L. Austin*,Routledge & Kegan Paul,1969 年,第 89 页。

感觉与料理论或类似理论，在哲学史上源远流长，而且也是我们自己身上的哲学家倾向于发展出来的理论。不过，奥斯汀不同于维特根斯坦，他不认为哲学只是治疗，在他看来，哲学也可以获致正面的成果。此外，牛津哲学家对语言本身就有兴趣，而这种"为语言而研究语言的兴趣"，用巴斯摩尔的话说，"对维特根斯坦是完全陌生的"。① 在这本书里，奥斯汀说到对**真正的**、**实在**、**好像**、**看上去**等词的研究，"我们还希望就它们的意义学到一些东西，这些词在哲学上滑溜溜难以把捉，此外，它们本身也很有意思"。（第5页）"这些词在哲学上"大致相当于维特根斯坦所说的"哲学语法"，而"它们本身就很有意思"则点明了"为语言而研究语言的兴趣"。尽管维特根斯坦哲学对语言学多所启发，但他本人并无这方面的兴趣。

奥斯汀不像维特根斯坦那样，对科学进步本身深表忧虑，他更多从正面来考虑两者的关系，他的太阳-行星比喻②就表明了这一点。维特根斯坦和奥斯汀都认为哲学是前科学的工作，不过，维特根斯坦反复强调哲学与科学的划界，高度警惕把哲学混淆于科学的倾向；奥斯汀则不反对甚至鼓励哲学向科学发展，在这里，特别是向语言学发展。他希望建立一门新的语言学，或，哲学、语言学、语法学的联合科学。他自己的一部分工作，尤其是以言行事理论，是这个方向上的经典努力。不过，奥斯汀的主要工作是哲学工作，即使以言行事理论，在他那里，主要还是哲学性的。即使鼓励哲学

---

① 约翰·巴斯摩尔，《哲学百年 新近哲学家》，商务印书馆，1996年，第495页。
② 奥斯汀，*Philosophical Papers*，Oxford University Press，1961年，第180页。

向科学发展,这也不是混淆哲学和科学的理由,不是借助对语言表达式的曲解、偏离和误用来建构形而上学理论的理由。相反,在奥斯汀看来,哲学进步的初步要求,是保持对自然语言的充分尊重,或"钟爱"。

结　　语

艾耶尔后来针对奥斯汀的批判为自己所做的辩护大致采用了这样一条路线:奥斯汀所批评的那些说法,也许的确说错了、说得不准确、有所误导,等等,但这些都无所谓,因为奥斯汀的火力并未触及他(艾耶尔)的根本主张:我们的感知判断所宣称的多于它们基于其上的经验所包含的东西。

艾耶尔书中提出了不少"根本主张",例如我们有"两种语言"的主张,奥斯汀不仅"触及"了这个主张,而且火力之准确,在我看,可说已经摧毁了这个主张。至于艾耶尔在这里所宣称的"根本主张",即"我们的感知判断所宣称的多于它们基于其上的经验所包含的东西",本来就建立在证据-结论模式之上:感觉与料是证据,感知判断是结论,结论中含有多于前提的东西。奥斯汀关于把这一模式套用到感知上的质疑,虽未达乎根本,却也不止于"触及"而已。

且放过这一点不论,单说艾耶尔对说错了、说得不准确、有所误导等等所抱的这种"无所谓",就让人颇难接受;瓦诺克在谈到这种态度时引用了奥斯汀的那段话:"老是重复那些不正确的乃至有时竟全无意义的陈词滥调,真是再枯索乏味不过;倘能把这类陈词滥调剪除几分,总会是有益无害之事。"①

  不过,本文的主要内容并不是为支持奥斯汀的批判提供更多的论据。我主要关注的是奥斯汀-艾耶尔争论背后的一些一般问题。奥斯汀的文本为讨论这些一般问题提供了出发点。同样,我希望,本文又为进一步讨论哲学与科学、什么是哲学理论等问题提供了一些线索。

---

① G. J. Warnock,*J. L. Austin*,Routledge,1991 年,第 27—28 页。

图书在版编目(CIP)数据

感觉与可感物/(英)J.L.奥斯汀著;陈嘉映译. —北京:商务印书馆,2023
(陈嘉映著译作品集;第17卷)
ISBN 978-7-100-19639-0

Ⅰ.①感… Ⅱ.①J…②陈… Ⅲ.①语言哲学—研究 Ⅳ.①H0-05

中国版本图书馆CIP数据核字(2021)第037971号

权利保留,侵权必究。

陈嘉映著译作品集
第17卷
感觉与可感物
〔英〕J.L.奥斯汀 著
陈嘉映 译

商 务 印 书 馆 出 版
(北京王府井大街36号 邮政编码100710)
商 务 印 书 馆 发 行
北京市十月印刷有限公司印刷
ISBN 978-7-100-19639-0

2023年6月第1版　　　　　开本710×1000 1/16
2023年6月北京第1次印刷　印张12½
定价:70.00元

陈嘉映著译作品集

第 1 卷　海德格尔哲学概论
第 2 卷　《存在与时间》述略
第 3 卷　简明语言哲学
第 4 卷　哲学·科学·常识
第 5 卷　说理
第 6 卷　何为良好生活：行之于途而应于心
第 7 卷　少年行
第 8 卷　思远道
第 9 卷　语言深处
第 10 卷　行止于象之间
第 11 卷　个殊者相应和
第 12 卷　穷于为薪
第 13 卷　存在与时间
第 14 卷　哲学研究
第 15 卷　维特根斯坦选读
第 16 卷　哲学中的语言学
第 17 卷　感觉与可感物
第 18 卷　伦理学与哲学的限度